定年紳士たちの料理教室

それは地域の社会活動へとひろがった

江上和子と
当仁公民館・男の料理教室

目次

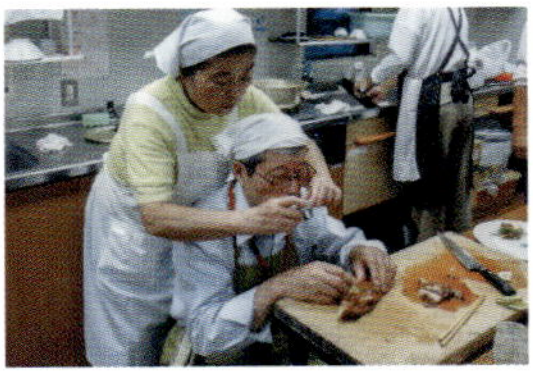

そば打ち同好会から発展した「男の料理教室」

カメラ・構成　緒方直敬

そば打ち

そばは太かったり細かったりしますが、
打ちたて、ゆでたての味はやっぱり美味！

文化祭バザー

早々に完売すると、皆大喜びしてハイタッチも！

公民館主催

そうめん流し

竹の切り出しから台作りも。子供たちの歓声がはじけます

家族招待
忘年会

各自の料理を持ち寄り、ホテルのバイキングより豪華と大好評！全部なくなりました

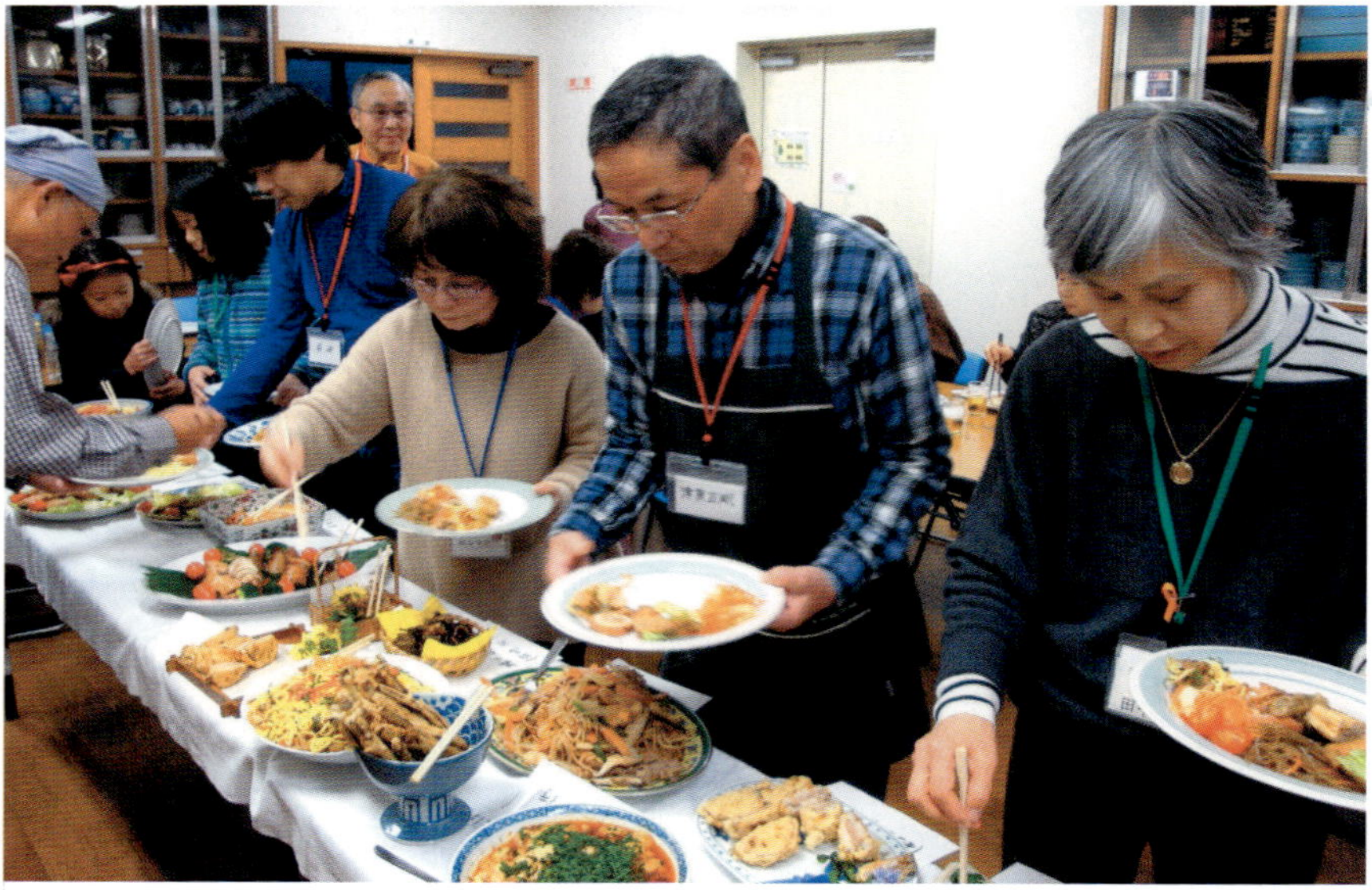

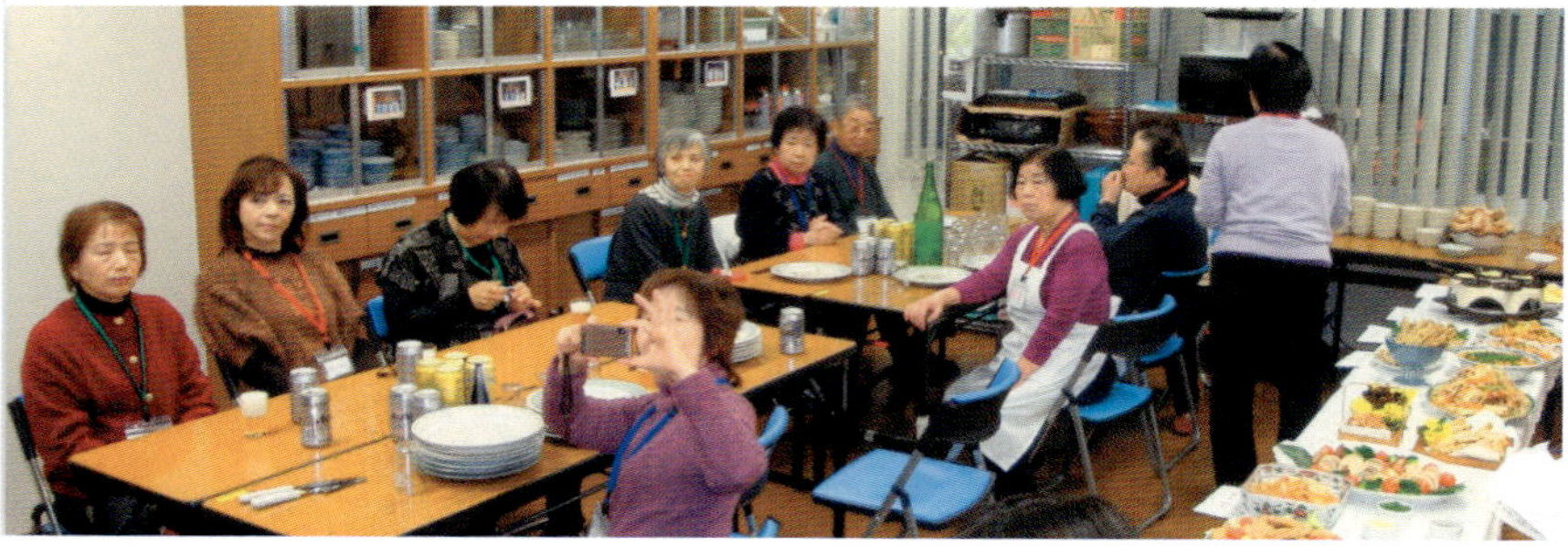

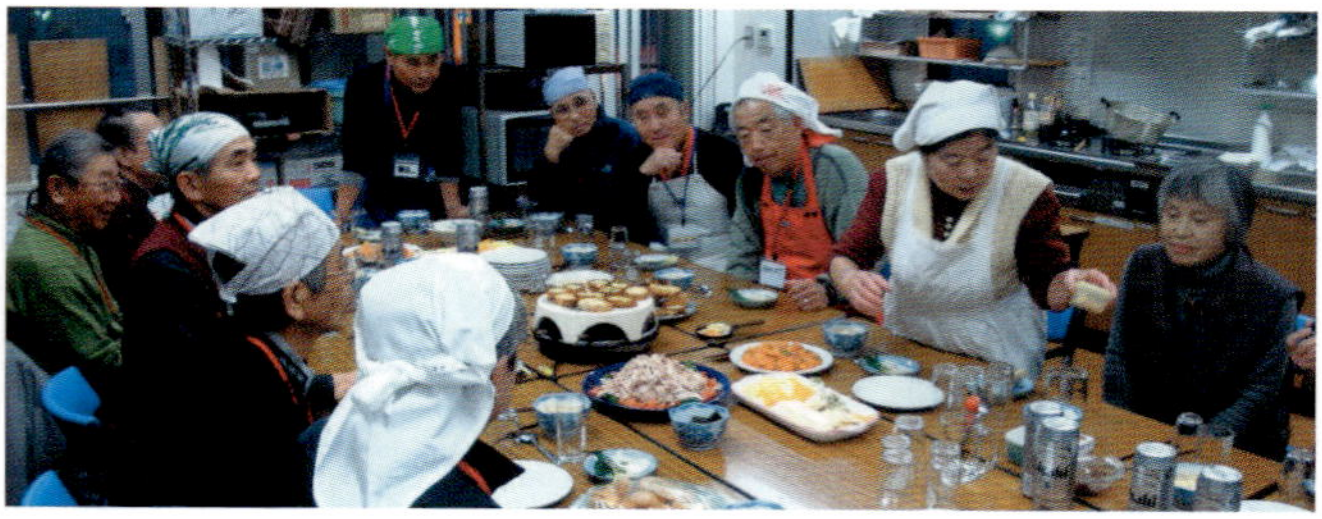

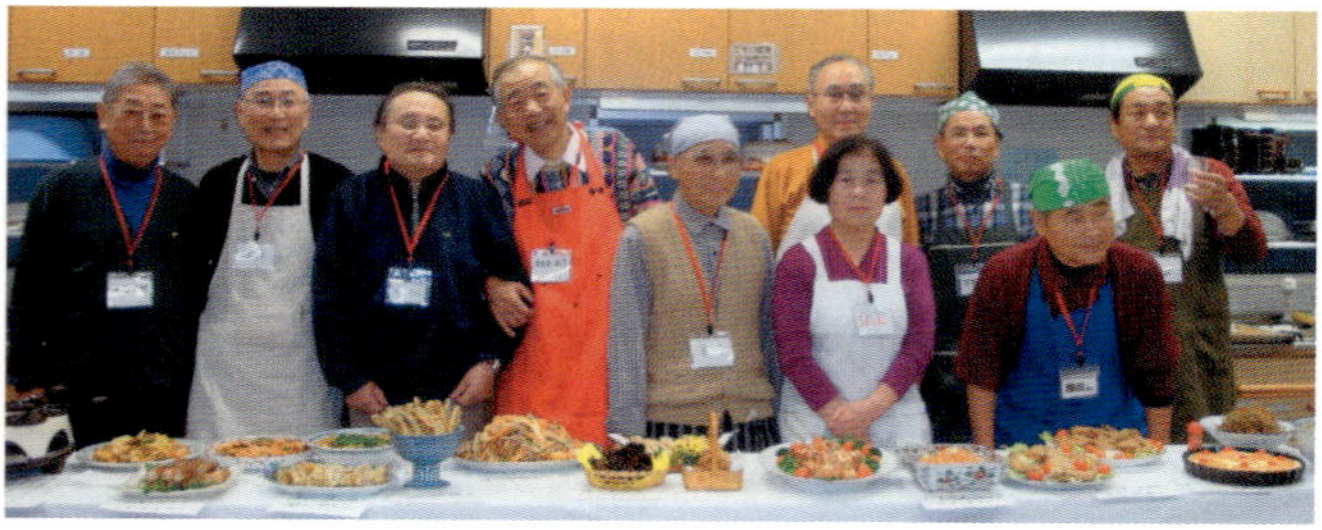

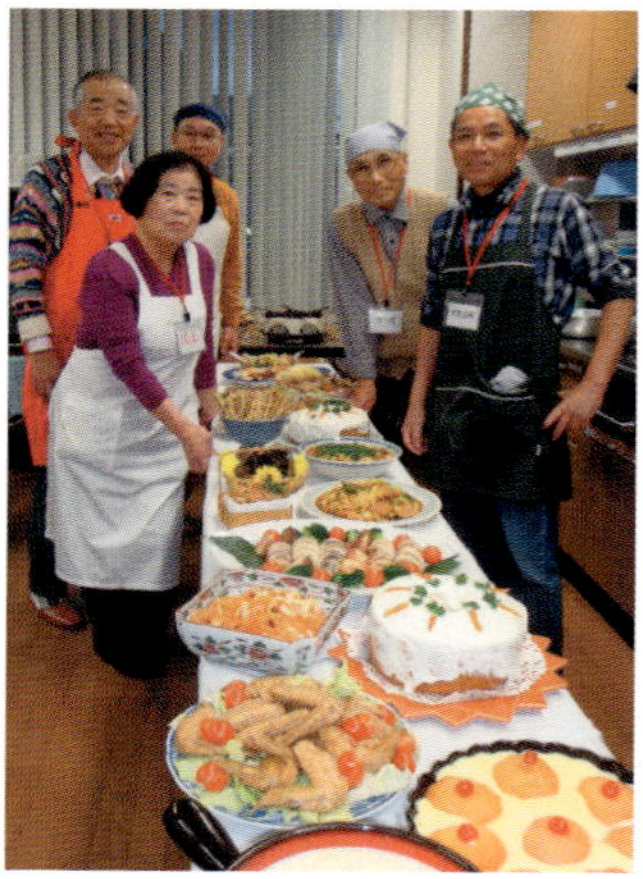

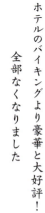

家族招待
忘年会
完成料理

料理作りと違って、試食の配膳の素早いこと！　最も楽しいひとときです

料理教室のメニューから

エビのチリソース

しいたけの陣笠焼き

あさりのクリームチャウダー

さつま芋のあめがけ

牛肉の串焼き

ビール漬け

三角巾とエプロンをつけた定年紳士《おじさん》たちとともに

江上　和子

『三十の瞳』と私

朝の散歩をしていて、家が近いせいかよく一緒になる、かわいいヨークシャーテリアを連れた感じのいいご夫婦と、犬を介して自然に話をするようになりました。このご夫婦が男の料理教室（そば打ち同好会）のリーダー的存在となる鶴田勇夫さんと奥様です。

その鶴田さんから、ある日、「私たちがやっている公民館のそば打ち同好会で、料理も習いたいという要望があるのですが、江上さん、教えていただけませんか」、と切り出されたのです。料理関係の編集者を長くつとめ、料理の本も何冊も刊行していますが、人前に立つのはそう得意ではありません。料理教室で教えていた頃からも数十年たっており、少し不安でしたが引き受けることにしました。

料理学校では女性しか教えたことがないのですが、でも、相談した料理研究家の友人が、「男性だけの料理教室って、真面目で、失敗はするけどかわいいのよー」とすすめてくれたので、少し興味もわいてきました。生徒さんはみんな定年後の紳士たちだそう

江上和子講師

ですが、こっちもその上をゆく年なのですから……。

こうして「男の料理教室」が地区の当仁公民館の実習室でスタートすることになったのです。

当日行ってみると、大柄なおじさんたちが、頭にバンダナで三角巾をかぶり、胸高にエプロンをつけて神妙に並んでいました。私はその姿を見て思わず緊張がほぐれ、自然に笑みが浮かんでくるのでした。

いい子やわんぱく坊主がそのまま老けたようで、壺井栄の『二十四の瞳』が頭をかすめました。いろんな企業で立派に勤め上げてリタイアした六十すぎから八十歳をこえた人たちと、現役も二人ほどの紳士たちが、今日から年をくった紅一点の私のかわいい『三十の瞳(老眼)』なのです。

教室は隔月交替で、偶数月は石橋洋一先生のそば打ち。かけそばやざるそばを学び、私はそば料理を一、二品教えます。そして、次の奇数月には、和洋中華いずれかの料理三、四品を私が教えるという二輪立てになりました。

そばは挽きたて、打ちたて、ゆでたてがポイントで、そば屋に負けない美味しさです。ところが、手巻きそば、揚げそばの五目あんかけ(炸麺・ザーメン)、タイ風麺(ヤム・ウン・セン)、中華風冷やしそば(涼拌麺・リャンバンメン)、天ぷらそばやすき焼きそばとやっているうちに、次第にレパートリーも尽きてきました。かけそばはいろいろバリエーションがあっても、似たりよったりになります。そこで、皆さんが家で酒の肴になるような料理に重点を移してやりませんか、そして時々、季節向きのそば料理を入れる——というふうに少々アレンジを加えて、この四年近くやってきたのです。レシピは100点を越えたでしょうか。

いつだったかメンバーの石橋次郎さんと話をした時、「定年後の趣味やボランティア活動、稽古ごとなど、なんでもそうですが、一流企業や大手の会社に勤め、それなりに部長とか課長とか役職におつきだった方でも、そういう上衣をスッポリと脱いで素の個人になってやるというのがいいですね。定年後というのはまた同じスタートラインにつくようなものですから」

と、おっしゃいました。

三十の瞳さんたちは、それを地でゆく、おごらず、怒らず、他人を思いやる温かい人たちばかりで、私にとっては、生徒さんたちのほうにこそ人生の師を見る思いでした。

かわいくて敬愛する生徒さんたちにしみじみと感謝しつつ、マイ包丁を握り、時々失敗もして赤面しながらも、定年紳士たちの先生を楽しんでいます。

これも〝男の料理〟です

朝昼晩と三度の食事を何十年もつくり続ければ当然かもしれませんが、台所をあずかるご夫人方からは、「簡単で手っとり早くできて、お金のかからない美味しい料理を教えてください」とよくいわれます。お気持ちはわかりますけれど、そんな料理があるなら、私が教えてもらいたいわ、と言うことにしています。

それに比べて男性からは、だし汁やスープのとり方、

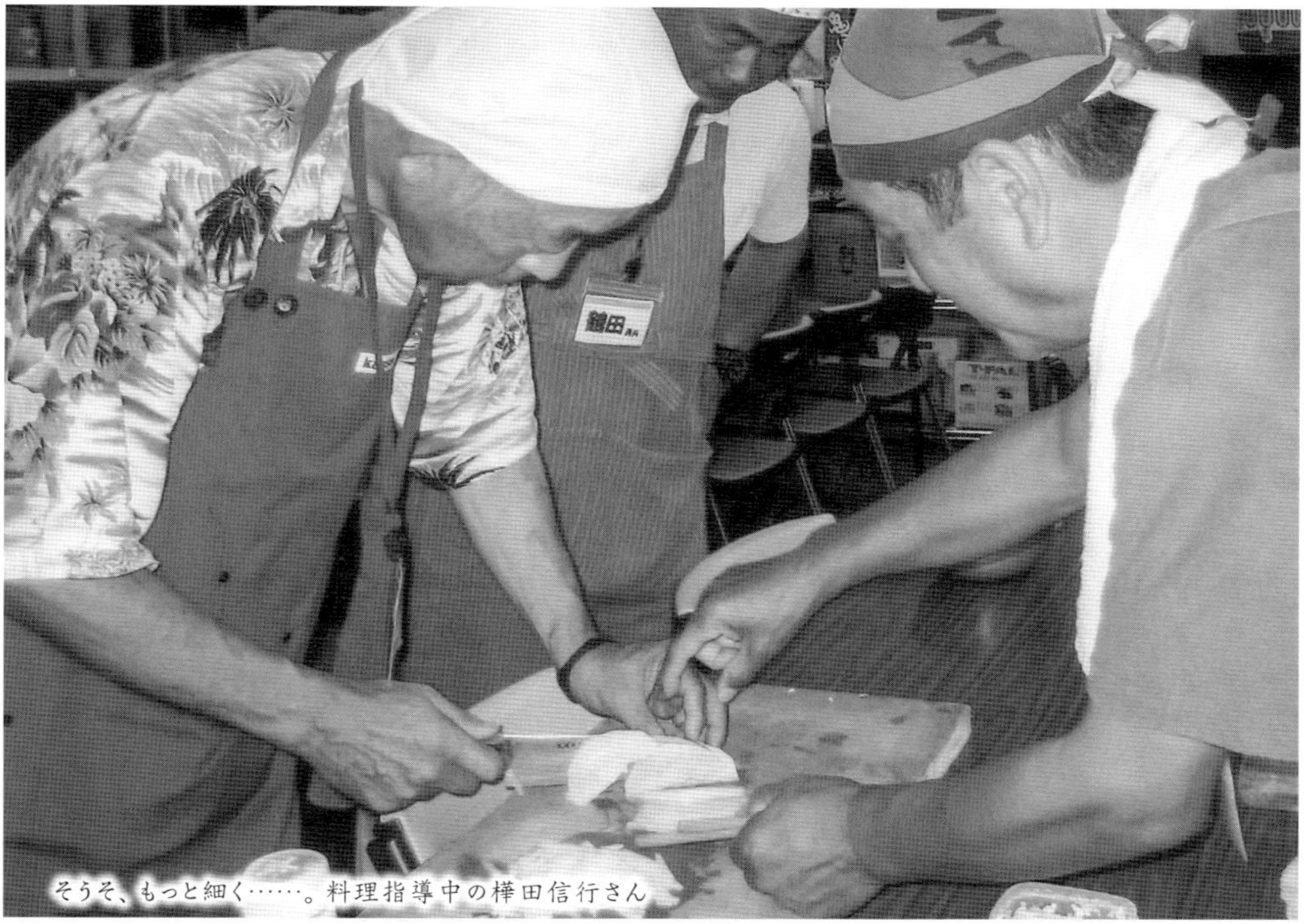

そうそ、もっと細く……。料理指導中の樺田信行さん

野菜の切り方と名称、魚のさばき方などの基本を教わりたいと言われることが少なくありません。

今の若い娘《こ》が、米を研ぐのに洗剤で洗ったとか、落とし蓋をして、と言われて鍋の蓋を床に落とした、などという笑うに笑えない話を聞いたことがありますが、さすがにこの教室ではそういう失敗はありません。けれど、小さいミスはしょっちゅうです。

韓国の料理であるナムルを作った時のこと、その日は確かに野菜のせん切りが多かったんです。A班で見本を切り、B班でも同様に切って、いざA班に戻ってあえようとしたら、きゅうりのせん切りの残り半分が、ごろごろ乱切りになっているではありませんか。やり直したいところですが、きゅうりがもうありません。

「こんな切り方じゃあ気分がよくないですけれど、ま、これも経験」と、かまわずに、そのまま混ぜてあえました。犯人の目星はついていたのですが、試食の時、その彼が「何だかゴロゴロしてやっぱり食いにくいなあ」とみずからの犯行であることを告白いたしました。食後のみんなのお皿に乱切りのきゅうりがゴロゴロ残っていたことはいうまでもありません。

また、わかめの冷たいスープを作った時、「先生、これ氷で冷やしときましょうか」とCさん。「ありがとう。気がきくわね、そうしてください」とまかせて別の仕事にとりかかり、ひょいと見ると、スープのボウル一面に氷がプカプカ浮いているではありませんか。

「アーッ、こんなことをして！　スープがうすくなっちゃうでしょっ」

あわてて、角が丸くなるほどに解けてしまった氷をかき出したが、時すでに遅し。

カップ一杯ずつのはずだったスープを、中華丼いっぱい、捨てもせずに配ることになりました。

「どうですか、水で薄めたみたいでしょう?」ときくと、さすがに、バツのわるそうな顔で「はい、スープでお腹がガボガボです」。

しかし、なぜ氷をそのまま中に入れたンですかと訊くと、喫茶店のコーヒーは中に氷が入っているから——と、今度は澄まし顔。

氷一、二個と一袋じゃ……と言いかけて、私は言葉を飲み込んで、それ以上責めるのをやめました。

揚げものの実習をした日。煙の立つ寸前まで油温が上がったところへ入れようとするので、「アッ、そんな高温の油に入れたらすぐ焦げちゃいます」。

こんな時、はしたなくも発する「アーッ」とか、「アッ」とか「ワァーッ」という私の声に、初めのうちはみんな、作業の手を止めて固まっていました。

ところがそれも最初のうちだけ。最近では「筑前煮の里芋は、煮くずれしないように、ちょっと遅れて入れましょう」と言ったのに、それを聞いていたのか、いなかったのか、全部一緒に炒め始めてしまう。「里芋は一拍遅れで入れてくださいと言ったでしょ」と叱ると、「先生、腹に入れば同じですよ」と口答え。初めの頃のように神妙に固まることはなくなってしまいました。

こんなぐあいで、細かいミスや早とちり、暴走はたびたびですが、このところは「先生、これが男の料理です」とか、「これも男の料理です」と悪戯っぽく笑って誤摩化すすべをおぼえた愛すべき教え子たちです。もう四年もたつのだから「これゾ男の料理です」という言葉を期待しているのですが。

しかし、失敗するのは生徒だけではありません。

石橋先生のそば打ちの日は、料理にかける時間が二十分もありません。その日は〝春巻き〟を予定していました。二十分弱で三十本作ることになります。春巻きの皮をそーっと剝がして並べ、一方、中華鍋でせん切りの豚肉と五種のせん切り野菜を炒めて調味。出てきた水分は、水溶き片栗粉でまとめてバットに広げ、ここで具材を冷まさなければなりません。

ところがそれを、慌てた私は熱いまま皮にのせて巻いてしまったのです。慣れない生徒さんたちは、初めて巻くのですから、いくつか熱で皮が破れてしまいました。

「あー、先生ごめん。破れた」

破れ目には溶いた小麦粉を塗ってつくろい、なんとか油に滑りこませました。けれど破れ目から具がとび出すことはなかったものの、三分の一ほどは、ゆるゆるやつくろい春巻きとなって試食のテーブルに並ぶことになってしまいました。

「皆さんの巻き方が悪いんじゃなく、私のミスです。ごめんなさい。中に入れる具はこれからはちゃんと冷ましてから巻くようにしてください」と詫びました。

生徒さんは「先生、パリッとして旨いですよ」と言ってくれたのですが、奥様たちへのお土産には、パンクしていないものをそっと取り分けました。

男の料理教室メンバーの多彩な公民館活動

男の料理教室のメンバーは、教室での集いだけでなく、さまざまな公民館活動に参加しています。しかし、それは決して無理強いや強制ではなく、「この日出られる人いませんか」などと、のどかな調子でだれかが呼びかけると、都合のつく人が「あ、それ、ぼくが出ましょう」といった具合で、自然な形で協力者が集っているようなのです。だれもが、できる範囲内で、無理をせず、しかし、必要とされる場所にはこだわりなく出ていって協力する。若き(?)も年配者も、ボランティアや公共への参加はかくありたしと思える素晴らしいやり方です。男の料理教室のメンバーが中心になっている地域社会に密着したいくつかの社会活動を次にご紹介しましょう。

《当仁校区自治協議会と公民館主催》

①文化祭出店=文化の日に、当仁小学校の運動場にテント村ができ、女性の会、スポーツや文化系グループのほか、私たちの男の料理教室なども出店します。男の料理教室では、五平餅、ぜんざい、お焼き、杏《あん》仁《にん》豆腐などを百五十円～二百円で販売します。ほぼ全員が参加し、いつも一時間余りで完売します。

②そうめん流し=流し竹の切り出しから流し台の組立て、そうめんゆで、流しまですべて教室のメンバーが担当します。

③親子そば打ち=夏休み中、そうめん流しは、屋外で

暑いので、実習室で親子そば打ちをします。むろん先生は、石橋洋一さん。メンバーで都合のいい人がそばを一緒に打ちます。

④女性の会のそば打ち講習＝男の料理教室のそばは美味しいという評判で、石橋洋一さんを講師に、女性の会にそば打ちを講習。そして試食も。メンバーからは三、四名が参加します。

《大濠公園をよくする会》

月に一回、園内清掃をしています。メンバーから五、六名が参加します。

《大濠ガーデニングクラブ》

大濠公園の花壇の草取り、種まき、苗植え、水やりなど。月一回メンバーから五、六名が参加します。

《当仁小学校依頼行事》

①校庭開放委員＝日曜日ごとに、遊び場として開放される校庭、運動場で、子どもたちの監視に当たります。メンバーから五、六名が交替で担当しています。

②かまどとお釜のご飯炊き＝秋に一回、四年生全員にかまどの作り方、火のつけ方と燃やし方、お釜でのご飯の炊き方などを指導し、試食します。野外活動の指導員の津隈正剛さんに前もって教わっているので、メンバーが指導するお釜はお焦げもなく完璧です。これも五、六名のメンバーが、ゲストティーチャーとして参加しています。

③昔遊び＝こま、だるま落とし、けん玉、おはじき、お手玉などの昔の遊びを子どもとともに楽しみます。年に一回、ゲストティーチャーとして、メンバーから五、六名が参加します。

《西公園をよくする会》

公園の清掃をし、近隣の人と交流、歴史ガイドもおこないます。メンバーから二名参加。毎月第一日曜日の九時からやっています。

《仁寿会》

地域の老人会で、神社や地域の主要道路の清掃をしています。メンバーからは八名ほどが参加。他のメンバーと、年一回のバス旅行・花見、納涼会、餅つき大会などの活動もおこなっています。

これらの社会活動の会にはすべてに鶴田勇夫さんがかかわっていて、そのつながりで男の料理教室のメンバーが活動参加するようになりました。鶴田さんはあらゆる地域社会活動の核のような存在です。

思いやりとやさしさを取り分ける小さい容器

男の料理教室は、第四土曜日の四時から七時と決まっています。ちょっと変わっているのは、前もって葉書が来て、作るメニューをお知らせするほかに、持参するものとして、エプロン、三角巾、に加え、「タッパーなどの容器」と必ず書いてあるのです。

これまでに自宅で女性グループに教えたことも、料理学校で実習指導をしたこともありますが、その日作った料理はそこで食べて帰るのが普通だと思っていました。

ところが、この教室では、いざ試食という段になって各自につぎ分けると、そのうちの何人かは小さな容器を取りだして「女房に少し味見を……」と取り分けるのです。最初にそれを見た時、「ああ、何といい光景だろう」と思いました。その「ちょっぴり」というのが、なんともうるわしく、やさしいのです。女性の料理教室で「主人にちょっぴり……」という人を見たことがありませんでしたから。

私の前に取り分けられたものに箸をつけず、誰かにあげても、素直にもらってくださいます。

たまに道やスーパーで、メンバーの奥様に会ったりすると、この前のは珍しかったとか、美味しかったと言ってくださることがあります。ささやかなお土産だけれど、仲よし夫婦のほほえましさが入っている小さい容器なのです。

みんなの顔がゆるみ、笑いの絶えない試食会

男もやるときはやるのです

十数人がそばを打つと、教室の床は打ち粉で白っぽくなります。念入りに掃除機をかけたあと、雑巾がけをしながら井田修二さんが言ったものです。

「こんな姿を女房が見たら、家でもやってよ、と言うだろうな」

その場にいたみんな、大笑いになりました。

このグループで感心なのは、食器の片付けや掃除が完璧なこと。食器も鍋も洗って拭き、乾かしてからもとどおりにしまいます。男の人は雑だろうと思っていたのですが、どうしてどうして、私などよりよっぽど丁寧で、全員でやるから早い。アッという間に始まる前のきれいで清潔な料理実習室に戻ります。男性に家事は不向きと思っておられる方、そんなことはありません。男もやるときはやるのですね。

井田さんが使ったあとの布巾や台拭きを全部大きいポリ袋に入れています。どうするのかと思ったら、家に持ち帰ってよく洗って乾かし、次の教室の時、持ってくるのだ、とのこと。

いちいち指示などしなくても、誰かが布巾洗いを担当してくれるのです。

津隈正剛さんが、タオル地で特別に作ってくださった「先生用」と書いた布巾も混じっています。こういう何気ない配慮ほど温かく感じるものはありません。

今日も、師範台のまな板の上にたたんで置かれたまっ白い布巾に一礼して、今日の料理実習を始めました。

家族招待日のオーワンダセイ

秋のある日のこと、鶴田勇夫さんが、電話をかけてきて言いました。

「先生、料理を教えてもらって四年たって、多少は腕も上がってきました。それで教室を今月は〝家族招待日〟にして、日頃のぼくらの実力（!?）を見せてあげようかという話が出ているんですが……」

「あなたたちが料理教室で料理を作っておもてなしを？」

「いえ、それぞれが自分の得意料理を作って持ち寄ってのパーティーですな」

　実力などと言っていいのかしら？　と思いましたが、すぐ賛成しました。

「料理教室で作ったものもいいけれど、それぞれの家庭の得意料理があるはずだから、それをお気に入りの器に盛って持ち寄りするといいわね」

　二週間ほどすると、出席者と持ち寄る料理のメニューをしるしたプリントが届きました。見ると、三人以外はどれも料理教室でやったメニューばかり。私としては、各家庭の得意料理が見たかった、そして私自身も勉強をする機会がほしかったのだけれど……。

　会場は料理教室では少々手狭ですが、狭いほうが膝付き合わせて親しくもなれます。大鍋を扱うのにも、そばを配るにも都合がいいので、教室でやることにしました。

オーワンダーセイ、オーワンダーセイ！　しゃれた唄をやるんだナと思ったら、お椀出せ、茶碗出せ♪

出席者は十三名、お客様が十五名ほど。人数的にも盛会で、うれしくなりました。

当日は朝早くから会場作り。呼びものの一つ、チャンコ鍋の用意。持ち寄った料理の盛りつけと、忙しいのも何のその、みんな張り切って立ち働きました。

料理がズラリと並び、そばの用意ができ、チャンコ鍋が美味しい湯気を立て始めると、さすがに壮観です。

時間になると奥様方を中心とするお客様も揃い、「わあー、ホテルのバイキングより多い」とか「どれがおいしそうか。目をつけとこう」などとパーティー気分はピークに。

石橋洋一会長の挨拶がすむと、すぐに奥様同士の話もはずみ、あちこちで笑い声が起こります。私はラクレット（チーズを焼いて食べるスイス料理）を焼いて渡すのに忙しくしていましたが、ふと見ると、サーヴィス係であるはずの面々もみんな客席に座って、にこやかに話をし、料理を食べています。働いているのは、そば係の石橋先生と、チャンコ係の緒方さん、ラクレット係の私の三人だけ。「んー、もう」という言葉が出てくる前に、「先生、すごく楽しい！　どれもこれも美味しいです」と言う声があっちこっちから聞こえてきました。楽しいのは私も同じ、和気あいあいとはこういう光景のことですよね。

その時です。みんながそれぞれに、ごちそうを堪能した頃合いと見てか、鶴田さんが立ち上がって、

「ハイ、みなさん、おそばとちゃんこを食べたお椀を両手にこう持ってください。それを交互に前に突き出すだけでいいですから、ぼくたちの歌に合わせましょう」

そして、そこへ演奏会に出ていて遅れて駆けつけた瀬戸敏郎さんに、

「瀬戸さん、さっそくだけど、オーワンダセイ」をやりますから伴奏をひとつ……」

瀬戸さんも心得たもので、すぐにハーモニカを取り出しました。

そんな歌など歌えない私は、「洒落てるなあ、英語の歌をやれるんだ」と正直、その時は思いました。

すると、鶴田さんはご機嫌で、宮崎さん、曽我部さん

と並んで、お椀を交互に前に突き出して歌い始めたのです。

♫オーワンダーセイ、オーワンダセイ、オーワンダセイ、チャワンダセイ！

んっ⁉　なんだと？　お椀を出せ、だって？　茶碗も出すんだと？

みんな楽しそうに、手拍子をうって、ついに最後までお椀出せ、茶碗出せで押しとおしたのでした。

この大盛り上がり。上気した笑顔と笑い声の渦と、きれいに空になった皿や大鍋の間で、私も幸せでした。

当仁部屋のチャンコ鍋

家族招待日のお話をもう一つ。

浴衣にチョンまげのお相撲さんを見かけるようになると、博多に冬の季節が到来します。私の住んでいる街の成道寺は、高砂部屋九州場所の宿舎になっていて、幸運な人は千秋楽の翌日には、チャンコ鍋をいただくチャンスに恵まれるのです。

広い畳の部屋中央に炬燵くらいの台が置いてあり、ガスコンロには大鍋がかけてあります。

そうだ！　今度の家族招待会にはチャンコ鍋をしょう。これは目玉料理になるゾ！　実は私、家族招待日の出しものを考えあぐねていたのです。

寒くなってきたのでこれなら温まります。大人数になってもOK。特殊な材料もいりません。

私はすでに、チャンコ鍋専門のお相撲さんたちが、大鍋でダイナミックに作る手順、材料などを、前もってうかがって食べた折りに、メモしたり質問したりして、プロの味を学んでいました。なんとグッドタイミングではありませんか。

当日の出品メニューを見たら、まだメンバーの緒方さんのところが空欄です。「出し物が決まっていないのでしたら、私と一緒にチャンコ鍋を作りませんか」と声をかけると、すぐにOKしてくださいました。

緒方さんは、物静かな人で、野菜洗いや後片づけが実に丁寧で、野菜をいろいろ使う料理には適任者です。当日は私の粗書きのレシピ、というよりメモを見ながら、かかりっきりで作ってくださいました。

家族招待の日はとても寒い日で、みんなチャンコ鍋は初めてという人ばかりでしたが、大好評でした。最高五杯のお替わりをしたお婆ちゃまもいて、少し残ったのもお客様が分けてお持ち帰りになったようです。

後日、高砂部屋にレシピを送って、これで問題はないかうかがうと、鶏肉が少ないので、もう少し増やすようにしたら、とのことでした。さすがお相撲さんですね。

その後、緒方さんの奥様に街で会ったら、チャンコ鍋が美味しかったので、あれから、家でも三回作りましたと、おっしゃってくださいました。料理教室で教えていてうれしいのは、生徒さんたちの家族の喜びにふれることができた時。チャンコ鍋は大忙しで大変でしたが、やってよかったとつくづく思ったものでした。

七十七本のバラ

ある日の朝、大きな箱の宅配便が届きました。誕生日カードがついていて、送り主は「男の料理教室生徒一同」。開けてみると、なんと七色のバラがそれぞれ十一本ずつ、合計七十七本の見事なバラの大花束でした。

しゃれた花のカードには「みんな楽しみに来ているので、先生、元気で、一回でも多く教えに来てくださいよ」と書いてありました。

私は玄関先で目頭を熱くしてしまいました。最近嬉しいとすぐ涙が出るのです。

バラ一本とか、四、五本の花束をいただいたことはありますが、こんなのは初めてです。

家中の花瓶を探す前に、まず仏様に見せて、デジカメでもパチリ。あー、この七十七本の花束が一本も萎れず、ずっとこのままであり続けますようにと祈りつつ。

それにしてもこんなしゃれたセンスの花束の贈りかた

を、あの定年紳士《おじさん》たちの誰が言いだしたのだろう？

もう齢はとりたくない――と思っていたせいか、私は自分の誕生日も、七十七歳で喜寿の日ということも、その日はすっかり忘れていました。

家中の花瓶に四、五本ずつ分けて活けたのでは、みんなの、せっかくの気持ちがばらばらになってしまうような気がして、新しいポリバケツにピンクの洋紙を巻きつけて、にわか作りの花瓶にし、リビングのテーブルにデーンと飾りました。どうか、一日でも長く持ちますように、と、朝夕こまめに水を替え、水切りをして、長い、短いはできたものの七十七本のバラは、十日間も生き生きとした美しさを保ちつづけました。幸せなバラ酔いの七十七歳でした。

77歳の誕生日にいただいた7色、77本のバラの花束

子どもたちの歓声のなかのそうめん流し

毎年、夏休みのお盆ちかくに、公民館主催のそうめん流しがおこなわれます。竹の流し台にゆでたそうめんを流すだけでなく、何か楽しい趣向はないかと相談を受けました。相手は校区の子どもたちです。

私が提案したのは、白いそうめんに加えて、カラフルな白玉だんごやプチトマトを流したらどうだろうというものでした。その日にゆでれば食中毒の心配もなく、めんつゆで食べれば白玉もつるんとして美味しい。最近の子どもたちは、箸使いがうまくないと聞くので、だんごつかみの練習にもなるのでは？　なにより費用もさしてかからない……。

その案が採用され、料理教室のメンバーがお手伝いをすることになりました。

前日の夕方、十名ほど集まって、豆腐白玉を赤、緑、黄、白とこねて、冷蔵庫へしまい（作り方は48ページ参照）、当日は朝からその生地を丸め、流し始める三十分くらい前からゆで、その隣ではそうめんもゆでます。これが内組で五名ほど。

外組は、昨日汗びっしょりになって用意した流し竹を台に取りつけたり、めんつゆやお椀を準備したりする五名です。

十名ほどのメンバーが、ぼくは外組をやろう、じゃあぼくは内組にまわって、そうめん運びをしましょうと、役割り分担はあっという間に決まりました。

津隈さんはザル一杯のベビートマトのヘタとりを引き受けています。

外組の様子を見に行くと、子どもたちが竹の流し台に群がって賑やかなこと。

そうめんの流し役は宮﨑さんです。

台の一番前に陣取って、めんつゆのお椀にめんをてんこ盛りに取り、めんつゆは溢れ、それでもまだ取ろうと夢中になっているよくばりなワンパク。

赤い白玉を流れに沿って追っかけては、行ったり来たりしてつかめないでいる女の子。

箸が挟めないぶきっちょな子。

どこから持ってきたのか、ブロックに腰掛けて、バケツの上に置いたざるに流れついためんと白玉とトマトを、ニコニコしながらご機嫌で食べているチャッカリ屋の男の子。

一時間の催しは、はじけるような子どもたちの歓声のなか、アッという間に終わりました。

この光景をうらやましげに見ていた付き添いの父や母、街の人からは、来年はぜひ大人も参加できるようにしてほしいと熱い要望があったとか。

会が終わったあと、男の料理教室のみなさんは、ざるに流れついた、コシのなくなったそうめんや、残った白玉だんごなどをいただきながら、心地よい疲労感と満足感にひたりつつ、ささやかな打ち上げをしたのでした。

代講でさらに腕をみがいた料理教室のみなさん、ありがとう

ずっと悪かった左膝と右の股関節が悪化して、私が入院・手術をすることになったときのことです。

教室に出てこられない二か月分のレシピを作って渡し、料理教室は休講させていただくことにしました。休んでも、そば打ちの石橋洋一先生が何とかしてくださると、正直頼る気持ちもありました。

ところが、なんということでしょう。教室の生徒さんたちは、レシピをもらうのだから、それを見ながら、自分たちで作ってみると言うのです。

たしかに、そばの石橋洋一先生のほかに、メンバーの中にはケーキ作りも料理もプロ級の樺田信行さん、キャンプ指導員の津隈正剛さん、どんな料理もOKの宮﨑隆慶さんと、料理上手が四人もいるのです。そうか。その手があったのだ、と気づき、入院前にとりあえず二か月分のレシピを渡しました。

●二月＝偶数月ですからそば打ちの月です。まず、①石橋先生のざるそば。②そば生地を使った東北地方のそばかつけ（後で私が作って渡しておいた生にんにくプンプンのみそがすごくおいしかったとの評でした）。③お好み焼き。いかとピーマン、あさりのむき身とねぎ、豚肉とタマネギ、えびとネギの四種。ホットプレートは緒方さんがいつも貸してくださいます。みんなで囲んで温まり、寒い二月にはいいメニューだと思います。

●三月＝奇数月で料理の月。①白菜鍋（119ページ参照）と、②白菜の軸で作る辣白菜（ラーパイツァイ）（121ページ参照）にしました。これは以前、鶴田さん、曽我部さん、宮﨑さんと囲んだことのある鍋を彼らに再現してもらいましょう。そして、③あさりとにんにくの芽の炒めもの。この白菜鍋は簡単で、おいしくて温まると好評だった、と、あとで聞きました。

初めに予定していたよりも、私の入院は長びいてしまいました。退院してからのリハビリもふくめると、結局六か月にわたる長期休講になってしまったのですが、以後毎月のレシピを渡すと、この四人のうちの誰かが先生になって料理実習を続け、結局、ただの一度も教室は休みになることがなかったのでした。なんと頼もしい定年《おじ》紳士《さん》たちのがんばりでしょう。代講をこころよく引き受けてくださった皆さん、ほんとうにありがとうございました。

　病院のベッドで、料理教室の日を迎えると、やっぱり落ちつかない気分になったものですが、しかし、案ずることはない、料理上手の四人が旨くやってくれると自分に言いきかせていると、次の日は、曽我部さん、鶴田さん、宮﨑さんがお見舞いをかねて報告に来てくれました。その時にいただいたみんなの激励の寄せ書きの色紙と典雅な香袋。それは今も、私のリビングで、出入りのたびにほのかな香りをとどけてくれます。

　そういうわけで、このあとに続く四か月間のレシピメ

まずはテキストとにらめっこから——

ニューを次に記しておくことにしましょう。

●四月＝そば打ちの月。①天ぷらそば。石橋先生打ちたての二八そばに、天ぷら名人の宮﨑さんが肉や野菜の天ぷらを組み合わせた天そばを。津隈さんが、②新たまねぎの酒蒸し、肉みそかけを。新たまねぎの料理がとても美味しかったそうです。

●五月＝料理の月。樺田信行さんが、今凝っているイタリア料理を代講してくれました。①ほうれん草とオイルサーディンのスパゲティ。②ナポリタン。③茸のクリームスパゲティ。④じゃがいものオムレツ。⑤トマトとモッツァレラチーズの前菜。

ボリュームがあってお腹パンパンだったよ、との声もとどきました。メニュー構成も料理作りの一つでしょう。教え終えホットとした樺田さんの顔が、緒方さんが撮ってくださった写真に残っていました。樺田さんはあとで、自分で作るのと教えるのはずいぶん違う。思ったとおりにいかんもんですなあと言っていました。彼の鍋振りはプロ級です。

●六月＝そば打ちの月。①天そば。石橋先生のざるそばに、宮﨑さんの天ぷら各種の組み合わせ。

●七月＝料理の月。退院して書いたレシピで少しむずかしいかもしれないと思いましたが、韓国料理で、①牛肉と野菜の串焼き（竹串は私が用意し、鶴田さんに刺し方を教えました）。②にらとあさりのお焼き（チヂム）。③きゅうりのひき肉炒め。

竹串はうまく刺せたかしら、チヂムは焦げやすいからなあ……、と心配していたら、翌日鶴田さんから、三つともうまく作れて美味しかったですよと、残りの竹串を返しがてら報告にきてくださいました。緒方さんは、料理と撮影かけ持ちで、大忙しでしたねえ。

みなさん、ほんとうにありがとう。この六か月、大きなやさしさと激励をいただきました。

完売！　がうれしい文化祭出店

秋晴れの文化の日、当仁小学校の運動場にいくつものテントが張られ、食べ物屋のブースが並びました。〝男の料理教室〟もその一つです。

今年は手伝っていただけませんかと、いうので訊いてみると、去年は鶏の唐揚げを百九十五円で仕入れて二百円で売り、容器代を入れると、ぜんぜん利益が出なかったというのです。

この行事は、街の子どもを中心にしたもので、材料の仕入れは商店街が活性化するようなるべく地元でおこない、出店するメニューは、商店街のものとなるべく競合しないように……ということでした。

そういうわけで、安くはしたいし、かといって少しは利益も上がらなくては、というむずかしい注文です。

家で試作をしてみては、電卓をはじいて採算を検討してみました。苦心のすえ、①白玉ぜんざい。②五平餅。

何か催しがあると、出られる人が出席して何事も話し合いで決める

③さつま芋のあめがけ。④高菜漬けのお焼きの四つを候補にあげたら、なんと、四つともやろうよと言うのです。さあ、大変。前日から準備で大わらわ。出られる人、十一人が手分けしてとりかかりました。

①ぜんざいの小豆は、私が卸屋で買ってきて、柔らかく煮ておき、豆腐白玉は生地をこねて冷蔵庫へ。丸めてゆでるのは衛生面から当日に。

②五平餅は新米を炊き、すりこ木で半つぶしにして、掌よりやや小ぶりの小判型に整え、フライパンでうっすら焼いて、平串を刺しておく。ピーナッツダレは、合わせておいて当日火を入れる。

③さつまいものあめがけは、さつまいもを切っておき、当日こんがりと揚げて、あめ（キャラメル）をかける。

④高菜漬けのお焼きは、ひき肉と刻んだ高菜漬けを炒めて中身を用意し、当日は生地をこねて包んで焼く。

技術がともなわないのにメニューだけは欲張ったため、

文化祭当日の準備　さつまいものあめがけ

十一名が、早朝から全員で会場作りの外組と、料理を仕上げる内組に分かれててんてこまいでした。

しかし、みんなぶきっちょでも、細かい作業を黙々とやってくれて、意外にスムーズに準備がすすみました。

そして、いよいよオープンの時間になり、男の料理教室のテントに降りていくと、お向かいのグループの、出し物もなんとぜんざい。ダブッた！

「どうする？　うちは一杯二百円だけど、向こうは百五十円だよ。五十円高いのに、お客様は来てくれるかなあ」と、かつては、何億、何千万円のお金を扱っていた元銀行マンが心配げにつぶやきました。

私は「いい、いい。心配しないで。五十円分こっちは美味しいんだと思おう。でも、ちょっと盛りをよくするか……」

ぜんざいは、塗り椀に四色の豆腐白玉だんご五個を入れ、ゆで小豆を八分目に注ぎます。

五平餅は、ホットプレートでもう一度熱々に焼き、ピーナッツダレをたっぷり塗って紙皿で渡します。

五平餅担当の瀬戸さんと宮崎さん

さつまいものあめがけは、紙皿に五～六個をのせて、つま楊枝を添えます。

高菜漬けのお焼きは、二十個しか作らなかったので、焼くはしから他のグループに予約され、始まる前に完売してしまいました。

販売が開始されると、みな自分の持ち場に必死で、話しかけても返事もしてくれないほど。

あとで聞くと、ぜんざいのゆで小豆をとろ火にするか、グラグラ煮立てて煮つめながら匂いを流したほうがいいか、裏方では多少もめていたとか。

お向かいの百五十円のぜんざいが売れると、「あ、先生、また売れた!」とぜんざい係が報告に来ます。

そんな様子を見かねて、お客様でいらした緒方夫人が手助けにはいってくださいました。

が、「売れないのでは?」という心配は無用でした。二百円のぜんざいは、お向かいの百五十円のより早く売り切れたのです。みんな、負けじとお椀になみなみと注いだので、百杯はいける予定のところが七十杯で鍋は空っぽになってしまいました。

五平餅は、年長の瀬戸さんが一人で受け持ってくれました。大型のホットプレートに餅を並べ、熱々になったら、タレを刷毛で片面にタップリ塗るのです。

お客様が並ぶと、瀬戸さんは少々上がってしまい、先にお餅をプレートに並べておいてからタレを塗ればいいのに、タレ塗りにこだわっているのです。

落ちたタレがプレートで焦げるので、紙皿にとってから塗ってください、と言うと、ますます焦る。でも、口をへの字に結んで、汗びっしょりでモノも言わずに集中しています。

これも早々と売り切れ、「やったあ!」とハイタッチ。が、聞けばよく売れるように、五平餅には一個ずつさつまいもをサービスしてやったそうで、さつまいもは予定の三十人分にとどきませんでした。ああ……。

終わると私の心配もおさまり、五平餅係の瀬戸さんに「一生懸命になさっているのに、横からああしろ、こうしろとやかましく言ってごめんなさいね」と謝ると、

「やあ、やっとる時は必死で何も聞こえんかったですよ。忙しかったけど面白かったなァ」と笑顔をかえしてくださいました。

あと片づけをしていると、自治会長の木立さんが、「五平餅はとてもうまかったけどねえ、タレがさ、小さい子や年寄り、目の不自由な人が食べても服を汚さんように、も少し固めに工夫したほうがいいね」と注意してくださった。ほんとうですね。

売り方は全員ぎこちない〝男の料理教室〟のスタッフと私。でも、腹ペコでもあと片づけの早いこと。運動場から戻って実習室を掃除し、疲れたけれど、ホッと息をつきました。

少しは利益が上がったかしら？　と気にしながら帰路についたのですが、後日の報告によると、私の皮算用よりかなり少なかったものの、十一人フル回転して、利益は数千円だったとか。ま、赤字を出さなくてよかったと考えるべきかしら。

四年間でできた素敵なグループ

料理をし、料理について勉強をしていてよかったと思うのは、それを人にふるまい、また、人に教えることで人に喜ばれ、人との繋がりが広がり、この男の料理教室のように地域社会の窓が大きく開けたことでしょう。

初めお話を受けたときは、なかには苦手なタイプもいるんじゃないか、料理が受けなかったらどうしよう、などと心配もしましたが、いざやってみると、そんな不安はかけらも感じることなく四年が過ぎました。

気づけば、十五人の生徒さんたちとの間に何とも温かい仲間意識が醸《かも》されているのです。

体の故障も少なくない、そそっかし屋ですぐ慌てる、こんな私にわが生徒の紳士諸氏はよくついてきてくださったと深謝しています。

実習室には揃っていない道具もあるし、実質一時間のなかでは無理な料理もありますが、道具も時間もある範囲で作ればいいと思うことにしたら、気はとても楽になりました。

材料は近くの商店街やスーパーで入手できるもので、なるべく、シンプルなプロセスで作れる料理を心がけました。

それにみんなそこそこの年齢なので、高血圧や糖尿病、メタボ、なかには歯の悪い人もいます。そういうことも頭にいれたうえで、できるだけ多種類の野菜をメインにし、栄養も味のバランスも考えた献立を工夫するようにしています。

この十五人が健康で、いつまでも元気で長寿をまっとうできますように！

そう祈りつつ、みなさんやその家族に喜ばれる料理作りが教えられるよう精進したいと思っています。

料理教室のみなさんのよこ顔

ここで、このあとに、料理教室で料理を学んでの感想を寄稿してくださったわが「男の料理教室」の生徒のみなさんをご紹介させていただくことにしましょう。「二十四の瞳」ならぬ「三十の瞳」のほとんどが定年を何年もすぎて、第二の人生を生きる紳士たちです。年こそとっていますが（私も同じです）、その心は少年のように純真で、しかし、だてに年はとっていない。きびしい人生を生きぬいてきた知恵と根性と人への思いやりの心をそなえた、いぶし銀のような紳士たちです。

石橋次郎さん　八十三歳　元興業会社経営

皆に御大とか、ご長老と呼ばれ、尊敬を集めています。中央区の老人会長でもあり、以前には地区の公民館長も務め、街の、そして教室のよき相談役です。円満でいつも穏やか。料理上手の奥様と二人暮らし。趣味は読書と、結果的に集まった洋酒のコレクション。昔のお仕事柄、映画にはめっぽう詳しい方です。

石橋洋一さん　七十三歳　元寝具メーカー勤務

そば打ちの講師で、「男の料理教室」の会長もかねています。大柄でゆったりとしていながら、きちんとした几帳面な面もおもちです。そばをこねていて、その日の湿度が手の感触でわかるくらいに精通しています。メニューを決めるときは、みんなの満足感に気配りし、私と必ず打ち合わせます。趣味は洋蘭栽培。会員の多くが、石橋邸の梅をもらって、梅酢みそづくりの恩恵にあずかっています。

井田修二さん　六十七歳　元商社勤務

「料理教室で教わったことは、大いに役立つと思います――ただし将来において」と笑っておられます。文化祭の時、一人黙々と五百個の白玉だんごを作ってくださった姿が印象的。六年前から合唱団に入り、セカンドテナーがポジションです。英語に堪能で趣味は歌のほか、温泉巡りと海外旅行とか。

井手上一行さん　七十歳　元全国展開スーパー勤務

口数少なく、教室でも控えめです。細っそりしておられるが、大病をしたことがない方。マンションの理事長をしている関係で、会議と重なって教室を休まなければならないことがあるのが残念と。趣味は太極拳。娘さん家族が近くに住んでおられ、奥様と二人暮らし。料理レシピを最も活用してくださっている料理優等生です。

江上史郎さん　七十四歳　元電機メーカー勤務

校区外の遠くから毎回出席され、とても熱心で、温和な紳士。背が高いので調理台が使いにくそう。家では、毎日の昼食を作られるそうで、メンクイとおっしゃるように麺料理が得意。家族は奥様と息子さん二人の四人家族。海釣りが趣味で、釣れた魚をさばくのも調理するのも、江上さんの役目だそうです。

緒方直敬さん　七十四歳　元食品会社勤務

料理教室の活動を趣味の写真におさめてきてください

ました。もちろんこの本に使われている写真の多くが緒方さんの撮影です。洗い物や料理は丁寧で失敗のない人。食品メーカーに勤めておられたわけで、食べ物には特に詳しいはずですが、そんなそぶりを見せないおくゆかしい方です。雰囲気が貴い殿上人を思わせるので、私はひそかに〝麻呂〟と渾名をつけています。趣味はパソコンで、一日四、五時間向きあっているとか。また〝おやじバンド〟ではトランペットを担当しています。

樺田信行さん　六十二歳　化粧品会社勤務

料理教室ではよきアシスタントであり、私が休んだ時は、代講でイタリア料理を教えてくださいました。一見猛者《もさ》に見えますが、料理作りや菓子作りはとても繊細で丁寧。時々手作りのケーキや和菓子を下さいます。愛妻家で、試食に箸をつける前に、小容器にお土産としてとり分ける微笑ましさ。趣味は海釣りと料理・本格的なケーキ作り。

木立《きりゅう》晴久さん　七十歳　マンション経営・当仁校区自治協議会会長

視力が不自由とは思えぬほど、公私ともに積極的に行動なさる方です。側には、常に奥様か友達の横尾忠義さんがついています。一つのそばこね鉢に十年近くかかってようやく完成が見えてきたとは微笑ましい。料理についての評も適確にしてくださいます。趣味は読書（点字図書館で、音訳されたCDを借りて耳で読みます）。

瀬戸敏郎さん　八十三歳　元銀行員

この教室の最高齢者です。体調を崩して二、三回欠席されたあと、よくなってからは見学席に。それでも出席してほしい方です。私が独身で、他人に名前を呼び捨てにされたことがないと言ったりした時には、「おい和子！」とジョークをとばしてくるようなおどけたところもある方です。趣味はハーモニカ演奏。コンサートの時は料理のメンバー数人で聴きに行きます。

曽我部武彦さん　七十一歳　元製薬会社勤務

わが教室の会計係。ご夫婦とも薬剤師で薬の使い方を詳しく教えてくださいます。もの静かな学者タイプで、私のつけた渾名は〝博士〟。

一度朝食に招いていただきましたが、曽我部さんの作る味噌汁は素晴しく美味しく、以来味噌を一緒に取り寄せてもらっています。楽しみは夫婦での海外旅行。仲間との麻雀。

津隈正剛さん　六十六歳　元電気工事会社勤務

いつも笑顔で、口数少なく、黙々とやるタイプの方。料理教室以外の活動はいつも夫婦一緒です。野外活動の指導員だけあって、野外料理のみならず料理のレパートリーは多く、私の入院中は講師をやってくださって、とても好評でした。趣味はトレッキング。

鶴田勇夫さん　七十二歳　元建設会社勤務

料理教室以外でも、各種ボランティア活動、勉強会、公民館や町の行事と、どれも中心になって活動しているまとめ役。月に三、四回は山にも登っており、「お年を考えるように」と、私たちはあまりの活動ぶりを心配して言っています。鶴田さんが教室にいるといないとでは空気が変わるほどのムードメーカーで、私は円満屋と呼んでいます。お孫さんをおんぶしているのをよく見かける好々爺。もちろん趣味は登山一筋。

二川昭一さん　七十歳　元土木関係コンサルタント会社勤務

老人会や自治会副会長ほかの役職にもついている世話役です。口数は少なく、自分から手を出すより、みんなのやっているのを見て楽しんでおられ、教室の料理は栄養のバランスがとれてよいと、おっしゃってくださいます。刀の手入れをする代々家に伝わる仕事の関係で、家の包丁は必ず自分で研ぐのだとか。お母さまと奥様の三人暮らし。柔道は黒帯という物静かな有段者。趣味は海釣りで、魚はさばくまではやって、あとは奥様にバトンタッチ。

前崎裕弘さん　五十七歳　化粧品会社勤務

　唯一人の定年予備軍です。忙しい身にもかかわらず、校区外の遠くから参加してくださいます。習った料理は家で何回も作り、家族に飽きられることもあるとか。家族の食べる野菜は、ほとんどが家庭菜園で作られています。スペイン料理のパエリャが得意で、食材のサフランは花を育て、そのめしべを採取するほどの凝り屋さん。お母さま、娘さん二人、息子さん一人、奥様の六人暮らしで、趣味は家庭菜園と料理。

宮崎隆慶さん　七十五歳　元国家公務員

　教室の出席率はナンバーワン。料理は主婦顔負けの腕前で、教室では名アシスタントを務めてくださっています。石橋先生のそば料理にも欠かせない揚げものの名人です。生まれつきの笑い顔じゃないかと思うほどいつも笑顔なので、渾名はお陽様《ひさま》。趣味は、盆栽などの園芸、貝殻細工もなかなかのもの。

　この十五人が、わが「男の料理教室」のメンバーです。この十五人の方々に出会えたことは、私の人生にとって、この上ない喜びです。

　さあ、このあとの章で、皆さんがどのように料理に関心をもち、教室の門をたたき、そこでどのように料理の腕をみがいたか。また、この料理教室の集いが、みなさんの第二の人生設計をどのように豊かなものにし、そして地域社会への貢献をどのように切りひらいていったか、耳を傾けてみることにしましょう。

料理教室が終わって……
右から石橋さん、井田さん、曽我部さん、宮崎さん

第二の人生は、男の料理教室から始まった
――見学専門の生徒ですが……

石橋　次郎（八十三歳）

江上和子先生に初めてお会いしたのは、私が会長をしている仁寿会という中央区の老人会にご入会いただいた時でした。ご挨拶に江上先生のご自宅を訪問し、美味しい茶菓をいただきました。

いろいろ話をし、また伺ううちに、中華料理のことに話が及び、先生は福新楼の初代社長の張兆順氏に、料理学校で中華料理を教わったとお聞きしました。

私も父の縁で、張さんには何度か、私の旧宅に出張料理をしていただきました。二代目の社長は、私の母校の高校の先輩で、三代目社長は、母校の同窓会役員として交流があり、そんな話を二人でして、世の中、どんな縁があるかわかりませんね、とうなずきあったのでした。

その後、江上先生が公民館で男の料理教室をなさっておられることを知り、そこではかねて関心をもっていたそば打ちの講習もあるということなので、入会しました。江上先生のご指導で、いろいろな料理の話をうかがいながら、会員の皆さんとの交流も深まりました。

しかし、入会したといっても、料理教室でも、そば打ちの時間でも、私は木立晴久さんと一緒に教室の端に掛けて、皆さんが料理を習い、作っているのを見学しているのが専門です。しかし料理ができあがり、いざ試食という段になると、やおら私の出番とばかりに皆さんの中に割って入り、江上先生を囲んでわいわい盛り上がるという手前勝手な生徒なのです。ありがたいことに、そんな私を会員の皆さんは温かく認めてくださって、感謝、感謝です。

そんな具合ですから、私は料理の実際には、いっこうに知識も技術の上達もないのですが、教室では、江上先生が料理にまつわる話や中国料理の読み方などについて話してくださることがあり、そういう時には、私の興味にはがぜん火がついて、ひとりでに身を乗り出してしまうことがあります。この教室にはこういう生徒にもちゃんと居場所を与えてくれる寛容さがあります。

そして、料理からはずれついでに言っておきたいのは、ここに集ったメンバーの方々の地域に根をおろしたさまざまな活動ぶりについてです。

ほかの方もふれておいでかもしれませんが、老人会の清掃作業、側溝のドブさらい、バス旅行。公民館の文化祭出店やそうめん流し。昔遊びの会。小学校の運動場開放の監視役、野外でのご飯炊きなどのゲスト・ティーチャー、公園のガーデニング等々、どの会に行っても、この料理教室のメンバーの誰かがいて、その中心になって活動している。これはとても嬉しいことです。それも「やっている！」という感じじゃなく、ごく自然に、淡々とおや

石橋次郎さん

石橋次郎さんの奥さん作のいかの詰め煮

りになっている。

高齢者が増え、四人に一人が老人という時代になろうとしている時、リタイア後の人たちが、このようにうまく社会に溶けこんで、結束してこれを支え、活動していることは、とても大切なことではないか、と、このグループを見ながら嬉しく思うのです。

「そば打ち」の師匠を引き受けて

石橋　洋一（七十三歳）

たぶん、六月の梅雨どきだったでしょうか。料理教室が終わって雑談をしていたとき、講師の江上和子先生が、「青梅が出はじめたから、今日は帰って『梅酢味噌』を作らなくちゃあ」とおっしゃいました。それを聞いた料理教室のメンバーが「そうだ、私たちも……」と互いにうなずきあったことは言うまでもありません。

江上先生だけでなく、料理教室のほとんどの者が、この季節の到来を待っていて、「梅酢味噌」作りにとりかかるのです。


私の家の庭には、三十年にもなる大きな梅の木があって、よく実をつけ、知り合いに上げたりもするのですが、このところ、料理教室の皆さんはこの「梅酢味噌」を作るため、わが家に梅もぎにやって来るのです。

それが始まったのは、三年ぐらい前だと思います。料理教室で江上先生から教わった作り方があまりに簡単で、しかし、できたものを味わってみると、なんともいえない美味で、たちまち皆んなの間に広まり、季節になると皆さんがわが家の梅の実を求めてやってくるようになったのです。

この「梅酢味噌」はフルーティーで実においしいのです。このままでもよし、マヨネーズやドレッシングに少し混ぜてもよし。わが家では野菜サラダには欠かせない調味料で、保存もきき、一年中使っています。

この機会に、江上先生伝授の「青梅酢味噌」の作り方を読者の方にもお教えしましょう。用意するものは、青梅（出はじめの実の堅いものがよい）1キロ。田舎味噌1キロ。砂糖700グラム～1キロです。

作り方の手順は、①梅は熟れていないカリカリの青梅のなり口のヘタを取って、一晩水につけてアクを抜きます。②これをザルに広げ、表面の水気が無くなるまで乾かすか、ふきんで拭きます。③清潔なフタ付き容器に味噌と砂糖を入れて混ぜ、青梅も混ぜて平らにし、フタをして、できたら冷蔵庫の野菜室か冷暗所に二～三か月くらい置きます。そして梅を絞るように味噌をしごきます。

これで出来上がりです。ほんとうにこれだけで、火を通した貝やワカメ、いかとキュウリなどと合わせた酢みそにしても抜群のおいしさです。どうかおためしください。

「梅酢味噌」のおすすめはこれぐらいにして、本筋にもどりますと、公民館活動の一環でおこなわれている料理教室で、私がかかわっているのは主には「そば打ち」です。今からもう六年あまり前に有森松三先生や木立晴久さんを講師として始まった「そば打ち」を楽しむ会が、そのうち師匠格のお二人が体調の問題などで退かれたので、その後、不肖、会員の一人であった私が、およばずながら講師役を引き受け、「そば打ち」を皆さんにお教

庭の梅の木でとれた梅で石橋ブランドの梅酢みそ、梅干し、梅酒

えするようになったのです。私には、この教室の会長という任務もあるのですが、それは名前だけのもので、実際は鶴田勇夫さんや曽我部武彦さんらがみんなを引っ張っていってくださっています。

「そば打ち」に関しては、かれこれ六年近くのキャリアが私にはあるのですが、やればやるほど奥が深いことがわかり、面白さも増しました。最初は学ぶ側で、この数年は教える側にまわったのですが、そうなればなったで、いっそうこの道の奥深さを実感しています。

そして、四年ほど前から、この「そば打ち」の会は、江上和子先生を講師にお迎えして、そば以外の料理についても教えていただくことになりました。つたないなりに包丁をにぎり、焼いたり、煮たり、炒めたり、混ぜたり、揚げたりする調理の仕方をおぼえ、できあがった料理をみんなで賞味すると、「そば」のおいしさも一段とひきたつような気がします。料理教室では私は皆さんの邪魔をしないよう気をつけなければならない劣等生の部類ですが、それでも月一回のそばと料理の会を待ち遠しい気持ちで迎えることは皆さんと同じです。

行けば、ほんとうに和気あいあい、温かい雰囲気がいっぱいの教室で、そこからはコミュニティの仲間たちとの活動の輪も広がって、定年退職後の人生の新しい喜びを感じています。

また、男でも女でも、実際に料理を自分で作ってみる経験がとても大事だということを私は実感できるようになりました。私なりに「食」というものを通して栄養や

青梅1kg、みそ1kg、砂糖700g～1kgをよく混ぜ、密閉容器に入れ、冷暗所に2～3か月置く

健康に気を付ける気持ちが強くなりましたし、家庭で三度三度調理をし、「食」に配慮してくれている妻への理解と感謝の念も深くなりました。それゆえというわけではないのですが、息子や娘が孫をつれてわが家を訪れるようなときには、多少の評価を得ている「そば打ち」とともに、つたないなりに料理教室でおぼえた料理を食卓に並べ、妻の労を軽減し、みんなに喜ばれる幸福を身いっぱい感じています。

ちなみに、私も気に入り、家族も気に入っている料理は、生そばを揚げて、あんかけをした炸麵（ザーメン＝揚げそばの五目あんかけ）です。

よき仲間とともに、料理を通して「食」への関心を高めつつ、いろいろな活動をとおして地域の人々につながり、「百歳までがんばろう」を合言葉にやっていきたいと思っています。

このレシピ集さえあれば、いざとなっても鬼に金棒！

井田　修二（六十七歳）

商社づとめをしていて、昔イギリスに駐在していたことがあります。かの地では、男性が奥さんや子どものために料理したり、家庭のことをアレコレやっていました。文化と歴史の違いでしょうが、日本男児はなかなかこうはいかないですね。

しかし、同じ商社マンでも、仕事においても遊びにおいても、何をやっても一流だった昔の先輩が、「退職後は妻のために毎朝食事のあとかたづけをし、週に二回は夕食も作っている。現役のときは何ひとつ家庭のことを顧みなかった自分だが、美味いものを作って女房にそれを食べさせるのはけっこう楽しいものだ」と、引退してもなかなか格調高いことを言うではありませんか。なんでもすぐにその気になる小生のこと、「いい話を聞いた。ようし、自分もやってやろう」と思ったのはいうまでもありません。

早期退職したので、充分に時間もあり、音訳ボランティアをやったり、シルバー男性合唱団に入って練習にはげんだり、月に二、三回はゴルフ、女房と温泉巡りをしたり、海外旅行に出かけたり、自由気ままな生活をしていたのですが、この仲間のことばに一念発起、公民館活動の「そば打ち」講習会とその延長である江上先生の料理教室にかようようになりました。

そして、それから四年。

包丁研ぎの講習に出たときは粗砥石と仕上げ砥石を買いました。今、それは納戸のどこかに収まっています。

圧力釜も買いました。でも、使うと爆発しそうで怖いので、箱にしまったままタンスの上に置いてあります。

料理教室で美味しい「石焼きビビンバ」を習ったとき、石鍋がとても気に入ったので、江上先生に頼んで、我が家用にも一つ買ってもらいました。今は重しとして、本来の用途ではありませんが、時々役に立っています。

折々に買ったこれらの台所用品は、いずれ女房のために役立つときがくるだろうと思っています。

そうそう、家庭ゴミは、最近はあまりブスッとせずに捨てに行くようになりました。出かけたついでに食料品を買ってくることもあります。料理を作るのは女房ですが、ゴミ捨ても買い物もすべて男の料理教室にかよった成果です。

料理教室では仲間の邪魔にならないように、主として調理補助（食材運びや配膳）とあとかたづけを担当しています。ともあれ、小生も一応は開講時からの一期生。

現役時代も格調低き商社マンでしたから、なにごとにも一流だった昔の先輩にはおよびもつきませんが「いつかは自分も食事を作って女房の長年の労に報いたい」という思いを失っているわけではありません。が、四十余年間、小生の気まぐれに付き合ってきてくれた女房どのからは、まったく期待されていないのが、マア、楽といえば楽。

ところで江上先生！

今月の料理教室のメニューとレシピが届きました。「ローストビーフ」と「きのこの炒め物」「ライスサラダ」。これ小生の大好物です。楽しみにしています。おかげさまで、ファイルしている料理教室のレシピの分量もだいぶ溜まってきました。自分でやってみたことはないのですが、将来的には小生の料理のレパートリーもこんなに増えてきたということですね。いざとなれば、女房が家出をしても、これさえあれば鬼に金棒というわけで……。

柚子豚は下から盛り上げるように混ぜるんですよね、井田さん

お吸い物がもうすぐ上がります。
右から宮﨑さん、井田さん、江上さん、井出上さん

孫の弁当とおやつはまかせなさい

井手上　一行（七十歳）

「私は高血圧だから早死にするわよ」と妻からしょっちゅう脅されていました。残されたあなたは、料理が出来ないと苦労するわよ、と言うのです。私は医者からも糖尿病の境界型と診断されていましたから、バランスのよい食事をとるよう、心がけることが必要なことはいうまでもありません。日頃から妻は私に食事や料理にもっと関心をもちなさいと口うるさく言っていました。

そういうあと押しもあって、江上先生の料理教室の門を叩いたのは三年ほど前。おそるおそる教室を覗いてみると、七十歳すぎのおっさん達がエプロン姿もういういしく、先生の指導のもと、けっこう手馴れた手つきで料理に挑戦しているではありませんか。

最初の一日目は、私は何をしていいのかわからず、ただ右往左往するばかりで、ほとんど何もしないまま終わりました。ところが、料理作りが終わったあとの試食会、反省会がじつにいいのです。料理の味は言うまでもなく、談笑のなかには、自分の知らない地域の昔話、江上先生が同級生から間違ってもらったユーモアあふれるラブレターの話などもとびだして、なんともいえない楽しいひとときでした。

世代を超えて、なんの利害関係もない間柄の、人生の大先輩の方々との気楽な時間は、現役で働いていたときには味わったことのない雰囲気でした。

最初のとまどいは別としても、毎月一回、三年も通うと、けっこう自分の得意料理もふえてきます。カレー、シチュー、肉じゃが、ちゃんぽん、酢豚、チャーハンなどの普通の家庭料理はだいたいできるようになりました し、習った野菜のビール漬け、梅酢味噌などは毎年作っています。手打ちそばも打てるようになりました。インターネットでアマゾンから安物の麺打ちセット（麺台・駒板・麺棒・こね器・包丁など）を購入し、今では月に一度は打っています。妻がおいしい、おいしいというのでやめられなくなってしまいました。

なんと言っても一番の喜びは、料理教室で習った知識と経験を生かして、近くに住む孫の弁当やおやつを作ることです。孫は土曜日に塾に通っており、午後からも授業があるため弁当が必要なのです。「おじいちゃんの作った弁当がおいしい」。孫にそう言われるときのうれしさ、満足感といったらありません。一番好きなチャーハン、納豆巻き、から揚げなどを中心に栄養が偏らないように作って、塾まで持っていって食べさせています。また、三歳の孫娘には、料理教室で習った四色白玉だんごを、おやつに週二～三回くらい作ってやります。とりわけピンクの白玉がお気に入りで、あずきをかけたり、きな粉をかけたりして自分も一緒に食べるのです。

井手上一行さん

井手上さん手作りのお孫さんのお弁当

白玉粉は国産米を使用したものを買い、色だしには食紅を使わず、カボチャ、にんじん、ほうれん草などの野菜を茹で、すりつぶして色を出します。茹《ゆ》で上がると驚くほどに色鮮やかで、見ただけで美味しそう。孫の喜ぶ姿が目に浮かんできます。大きさは、親指大（直系2㎝）くらいの太さの棒状にのばして、約2㎝の長さに切って手の平で丸めると、大きさが均一になり食べやすいのです。妻が、大きさが均一になっているのを見てびっくり仰天。やり方を聞いてきたので、優越感を感じながら丁寧にレクチャーしてやりました。これもすべて先生に習ったことばかりなのですが、大雑把な妻は、白玉だんごを作るとき、適当な分量にちぎって丸めていたらしく、大きさが不ぞろいだったのです。

こういうことが抵抗なくできるようになったのは、料理教室のおかげと感謝しています。あとかたづけなども抵抗がなくなりましたね。

料理以外にも、地域のいろいろな方と知り合いになり、人との関わりが増えてきたのは、リタイア人間としては老化防止にも役立っています。いずれは、皆さんのように神社や、大濠公園の掃除などのボランティア活動にも積極的に参加したいし、もっと地域社会にとけ込みたいと思っています。

おじいちゃんのパンダべんとうだーいすき

おじいちゃんの作ってくれるカラフル白玉

料理修業でお酒の味がわかってきた

江上　史郎（七十四歳）

六十五歳で退職してから、時間の余裕も十分もてるようになったので、これまでは家事一切を妻におんぶにだっこしていたのですが、これからは自分にできることはやろうと思い決めました。

妻は「婦人の友」の愛読者の集（つどい）・友の会の活動を長い間やっていて、外出も多くけっこう忙しい身なので、せめて昼食は、妻の分も含めて私が作ること。私の家族は、妻と男の子どもが二人同居しているのですが、妻の帰りが遅いとき、泊まりがけで出かけたようなときは、妻にかわって私が食事を作ることにしました。

私は六十七、八歳の頃、泉けやき町内の会長をつとめることになり、元岡校区の自治協議会の理事として、男女共同参画活動、衛生連合会活動の一環でひらかれていた料理教室にも参加していましたし、インターネットの「ＣＯＯＫＰＡＤ」などで料理のレシピを調べたりして、妻の代役として食事を作ることには、さほどの抵抗も困難も感じませんでした。

また、私は堤防からの海釣りが趣味なのですが、釣り上げた獲物は小さい雑魚《ざこ》がほとんどで、妻はそれを調理するのにいい顔をしません。獲物を無駄にしないためには、私がさばかなければならないので、やむをえず、鱗とり、三枚おろし、刺身、焼く、煮るなどの魚の調理について自己修業する必要もありました。

加えて、私たちの年齢になると、周辺には男やもめも珍しくなくなります。妻の顔を見て、ひょっとして、私のほうが長生きしてしまうかもしれないという恐れを感じるようにもなりました。もしそうなったら、一人で生きていけるように少しは食事作りの腕をみがいておかなければならない。やるなら「今でしょう！」というわけで、料理が身近になる条件がそろってきたのです。

　そんなころ、仕事仲間で飲み友達でもある石橋洋一君が、そば打ちをしていると、自慢げに語ったことがあり、その時は気にとめなかったのですが、しばらくして石橋君は私たち飲み友達に自分で手打ちしたそばを土産に持参して振る舞ってくれたのです。それをいただいてみると、なんともいえぬ美味しさです。もともとメンクイ（麺好き）である私としては、これをやらない手はありません。さっそく石橋君にメンバーの方々の了解をとってもらって初参加してみました。しかし、実際にやってみると、最初の予想とは大違い。たいへんに奥深い世界であることがわかり、これはしばらく続けてみなければならないと決心したのです。

　私の料理修業への道、男の料理教室への入会のきっかけはこんなところですが、私のあとを追って、後輩も入ってきて、料理修業もさることながら、ここはとても居心地のよい場所になってしまいました。

　料理のあと、自分たちが作ったものを賞味しながらの料理や食についての話はいうまでもなく、何人かがかかわっている地域活動についての情報交換や、それぞれに歩んできた人生と人間観がにじみ出る談笑のひとときが最高なのです。

　その後は全員協力してあとかたづけ、実習室の清掃、整理整頓にとりかかります。だれに指示されるでもなく、自分にできる範囲内で作業分担を決めて、短時間で自主的におこなうのです。

　この習慣を、多くの人が自分の家庭にも持ち込んでいるようです。料理担当の家族にすべてを任せきりにするのではなく、自分にできること、自分に手伝えることはすすんでやるのが当たり前で、それがなんの苦もなくできるようになりました。

　料理教室はメンバーが多いので、全員で同時に料理をすることはできません。したがって、関心の強い人、自分でやりたい人、包丁さばきのいい人、腕に自信のある人が、主たる作業をおこないます。それにはずれた人は、一部の調理作業にタッチするだけのこともありますが、それ以外にも自分にできることを考えてやるようになるのです。食卓の準備、お皿や茶碗などの食器、箸、グラスを参加者の頭数に多少の余裕をもたせて用意したり、頃合いをみて、冷蔵庫の中で冷やしておいたものを、料理の完成と同時に出してくるとか、調理中、調理直後の料理に使った鍋、釜、用具の洗い物や拭き上げ。そういうことが当然に、食堂や居酒屋なみにすばやくできるようになりました。

　おいしい料理を作る修業と同時に、こういう仕事の大事さが認識できるようになったことは、私たちにとって、とても大きな成果ではないかと思います。

　これまでに料理教室で習いおぼえた成果の一端を披露しましょう。得意とする料理はかなり増えましたが、主なものをあげると、①さんまのかば焼き②博多の割烹「よし田」風鯛茶漬け③市

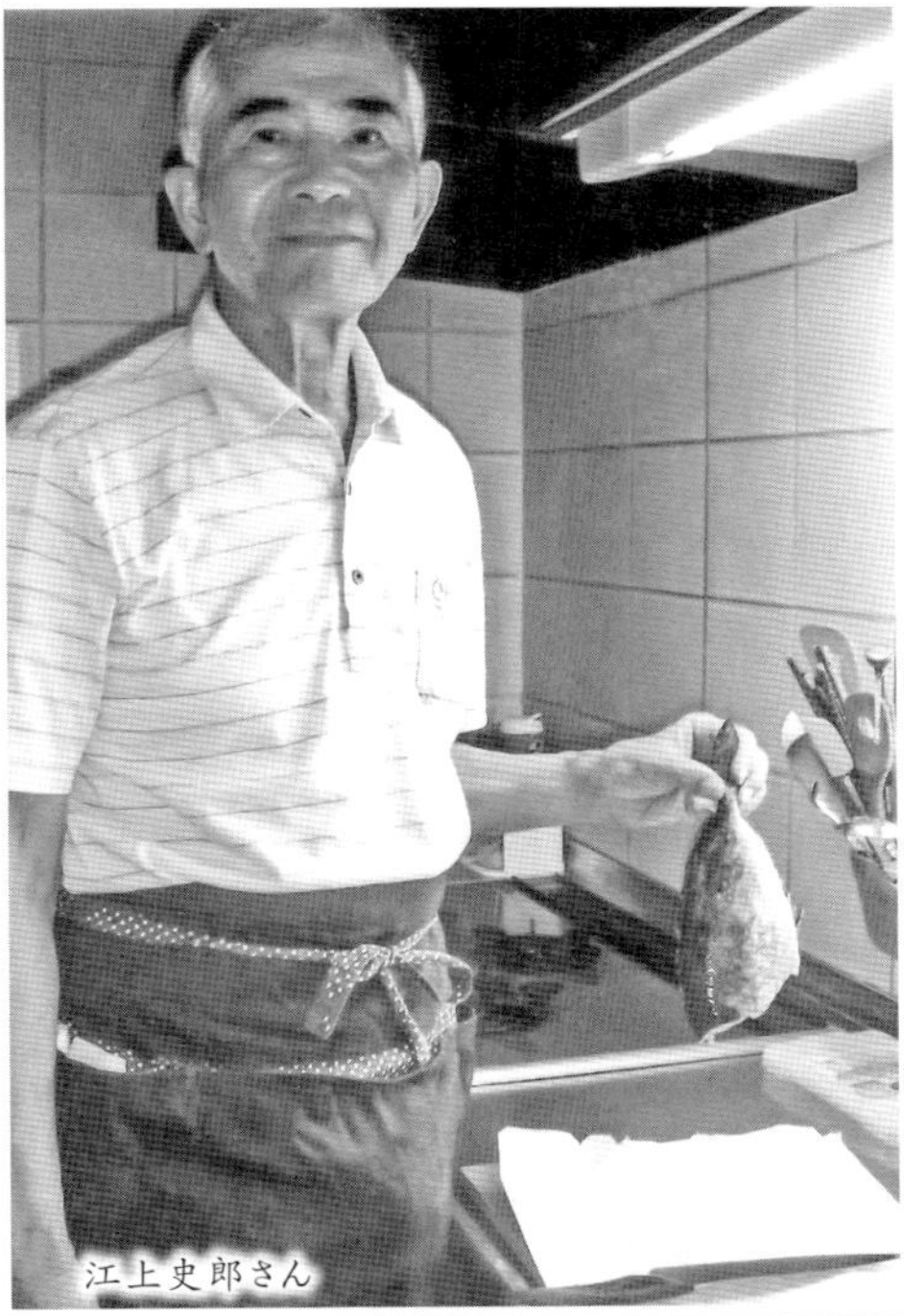
江上史郎さん

釣った魚のさしみと、その中骨と頭で作ったアラ汁

販のルーを使っての美味しい田舎カレー（隠し味として、とうがらし、バター、砂糖を入れる）④蕪・セロリ・キュウリ・ズッキーニなどの酢漬け⑤梅酢味噌。

この梅酢味噌は、ちょうど梅の実のシーズン、六月の料理教室で江上先生の指導で製作実習しました。私もすぐに家に帰ってやってみましたが、簡単で、三か月ほど寝かせて完成したものを味わうと見事に美味しい仕上がりで、友人、親戚にも配り、たいへん喜んでもらいました。その後毎年作って愛用しています。

この仲間の料理がヒントになって、私の得意料理になったものもあります。⑥新タマネギの料理で、メンバーの一人である津隈正剛さんが、それを電子レンジで作られ、われわれに披露してくれました。簡単で、素材の味を生かした、大変に美味しいレシピでした。さっそく愛用している「ＣＯＯＫＰＡＤ」で調べ、わが家では今では二種類の新タマネギ料理を旬《しゅん》のシーズンに楽しんでいます。

一つは、タマネギを横二つ切りにして器にいれ、電子レンジで七～八分加熱し、やわらかくなったところで、そばなどで使うつけ汁をかけ、タマネギの上にとろけるチーズをのせ、電子レンジで一分程度追加加熱します。味が淡白ですので、家族に好評で、毎日食べても飽きません。

二つ目は、新タマネギのステーキです。新タマネギを横に四つ切りにして、フライパンでバターを溶かし、表裏焼き、火がとおったところで、和風ステーキ味、醤油・みりん・酒・水・砂糖で味付けします。にんにく一片を使って香りづけするとさらにいいと思います。

私にとって、料理教室に通いだしての成果で忘れてならないのは、料理とお酒の相性がわかってきたことでしょう。自分たちで料理を作り、食をたのしむことによって、私の味覚は確実に繊細さの度合いを深めていきましたが、味覚の進歩は、お酒の味わいも深くしてくれたように思うのです。

余談になりますが、家での私の晩酌は、焼酎・ワイン・第三のビール（たまにビール）・手作りの梅酒・柚子酒・ウィスキーが主体で、正月にお屠蘇用の日本酒を一本買い、お屠蘇の残りを熱燗で飲むのと、地元（福岡市西区）の浜地酒造製のにごり酒（甘口）一本を長い期間にわたってたしなむ程度のものでした。

ところが、男の料理教室に通いだすと、教室が終わったあとの懇話会や、月例で楽しんでいる他のメンバーとの飲み会などで、プレミアムな日本酒の話が出て大いに盛り上がり、生一本をたしなむうちに、酒にはいろんな味わいがあったり、料理との合い性のあることも知ったのです。

最近は、家でも秋田や新潟など北の方面の酒も買うようになり、また、外で飲む機会もたまにあって、日本酒を飲むようになりました。飲み友達は健康志向で多くが焼酎党です。日本酒派が少数なのは少し寂しい思いですが、ともあれ、酒量は多くありませんが、お酒の味がわかりかけてきたのは、私の第二の人生における、思わぬ幸福です。

地域の方々との交流を模索して第二の人生を

緒方　直敬（七十四歳）

現役当時、会社を退職したら好きなことが毎日できると期待していました。しかし、有り余るほどの時間を趣味として満喫していたのは最初だけでした。趣味というものは、忙しい時間を捻出して楽しむものであって、毎日それができる自由な時間があり過ぎると趣味とは言えないことに気づきました。

私の趣味は、浅く広く興味あるものに入り込むことですが、強いてあげれば新しい物を作りだす日曜大工やパソコンの写真編集、トランペットでした。

バンド演奏は「シルバー人材センター」の仲間と「シルバーバンド」を立ち上げて、老人ホーム慰問やイベント参加で演奏している時間が最高でした。しかしバンド仲間たちも年齢には勝てず、残念ながら現在は奏者不足で休部中です。

平日数時間の嘱託仕事を続けるなかで、近年になり将来へ向けて地域の方々との交流を模索しはじめました。

妻の勧めもあって、公民館の「そば打ち教室」に参加しました。軽い気持ちで入会しましたが、妻が「大濠公園ガーデニングクラブ」など多くの地域交流サークルに参加していて、そのメンバーが料理教室の役員でもあったので、私は皆さんに暖かく迎えていただきました。

それから五年、教室の外でのおつきあいにおいても、すばらしい第二の人生の仲間であり、また悪友でもある方々に出会うことができました。

料理のほうは、この五年間で、どれだけ腕が上がったか、心もとないかぎりです。もともと外食が多かった独身の頃や結婚してからの単身赴任の時代、私は味よりも品数、質よりも量のほうでした。自分の好きな食べものを偏食し、料理を味わうというよりも酒の肴などを楽しんできた影響が今でも残っています。

教室でいろいろ教えていただいても、いざ自分でやるとなると、あまりレシピに頼らずに、日曜大工方式とでもいったらいいのか、調味料なども大雑把な目分量で、味見をしながらやるという流儀で、腕が上がったとはとてもいえません。

妻の料理はいつも手早く、味付けも美味しくて最高ですが、見ていると、私と同じく大雑把な手つきなのに、それでいて出来上がりはしっかりとパーフェクトなのだからかないません。彼女はどちらかといえば「量より質」主義ですが、私はあいかわらず「質より量」なので、現在のところ、わが家の厨房では、私の出る幕は多くありません。妻の横での手伝いの域を出ていないのです。

昨年、奥さんに先立たれた友人が、その地域の料理教室に通っていて、自分で食事も作り、不自由なく健康でがんばっている姿を見かけ、元気をもらいました。年を経て、万が一、妻が寝こんだりしたときのためにも、教室で腕をみがいて、妻の驚く顔を見てみたいと思うようになりました。

　そんな自分ですから、私にとっての料理教室は、今のところは主として会員の皆さんと生き生きとした人と人との交流を楽しむ場であります。ありがたいことに、この料理教室は、そういう人間でもあたたかく受け入れてくれ、懐深く隅してくれるのです。

　そして、料理にはこのように優秀な生徒ではなくても、先にも書いた私の昔からの趣味のひとつである写真撮影や映像記録の特技を発揮できることになったのです。私はいつの間にか料理教室の映像記録の公認担当になっていました。写真歴は五十年近く、シャッターチャンスを狙うのが好きで、教室でのさまざまなポーズ写真をパソコンに撮りためてきました。

　昨年の家族招待会を機に数年分の記録を自己

江戸時代の盃洗にごぼう天を盛るのもオツですね、緒方さん

緒方直敬作　ちゃんこ鍋（21ページを参照）

流ながら「6ファイル」にまとめたCDに収録して配布、会員の皆さんに喜んでいただきました。

この原稿を書くために久しぶりにCDを見ました。その一端を本書の口絵として掲載させていただきます。

会員の人たちの表情は日頃とは違う神妙な顔で、不器用な手さばきではありますが、誇らしげに満足した表情が映し出されています。

日頃は家庭内ではあまり見られない表情だろうと思われて、家族でCDを見ている状況を想像してもうれしくなります。

材料を並べ、計量、包丁さばき、炒め、煮る、焼く、レシピを見ながら作る手さばきも最初は不器用ですが、得意な人がやるのを横で見て、真似しながら作り上げ、支え合う楽しいシーンばかりです。

最近はどこか料理店の厨房と見間違うようなシーンもあります。三か月ごとのそば打ちも各人とても得意になりました。

酒の肴から和洋中華と、こんなに多品種のすごい料理作りを体験し、食したことを改めて確認し感心しました。

記録の中には、料理教室の行事も多く撮り込んでいます。孟宗竹を利用した、公民館主催のそうめん流しでは、校区の子どもたちの嬉しそうな表情が写っています。バザーに参加した校区文化祭の出店では、ぜんざいや五平餅、さつまいものあめがけを出しました。花見会、花火見物、家族招待忘年会、誕生会。

餅つき大会には、準会員のドイツ人、イワン君と奥さんも写っていて、国際的です。これらの写真を見ながら、記録を残してよかった、それは私たちの絆のあかしでもあり、楽しい思い出の「記憶」と「記録」の写真であると気づきました。

役員の方々の包容力とともに、大先輩の石橋次郎会長、木立晴久相談役のお二人が、メンバーの中心に存在されています。お二人には有形無形のご指導をいただきながら、料理教室の交流から地域社会のサークル活動・ボランティア活動にまで連携の輪が広がっているのがわかります。

これから先も、さらに多くの輪のなかで地域活動をし、心豊かな人生をおくっていきたいと思います。

ともに食べてくれる人のために

樺田　信行（六十二歳）

料理に関しては、以前から、そんなに苦にもならず、作るのは我流ですが好きでした。古い話ですが、中学一年生の頃だったか、親戚の家に家族で出かけた時のこと、従兄弟と私の兄弟三人の合計五人で留守番をし、昼どきにおなかもすいたけど、食事をどうしようかということになりました。冷蔵庫を見ると、卵が二個、炊飯器にはご飯が残っていたので、焼き飯を作ることにしました。初めての料理で、卵と塩・コショウのみでしたが、みんなで作って食べた焼き飯はとても美味しかった記憶があります。今、そんな昔のことをふと思い出しました。

それから数十年。私が家でたびたび台所に立つようになったきっかけは、四十代のこと、妻と二人で雑誌か何かをひらいて料理の写真を見ていた時、「こんなイチゴ大福たべたいな。これ会社に持っていったらスゴーイって喜ばれるよ」と妻がつぶやいたのです。それを聞いた私は、「それならば、いっちょうやってやるか」と、ついその気になり、本を見ながら、四苦八苦しつつも挑戦してみたのです。

しかし、初めはやはりうまくいきませんでした。大福の皮が、下に流れて上が薄くなり、大福にならないのです。それでも何回か挑戦してみると、いつしか大福らしくなり、妻も「これだったら会社に持っていけるよ」と言ってくれるところまで上達しました。「よく諦めなかったなあ」と、今から思えばわれながら感心です。

それからというもの、妻は味をしめ、ケーキ作りの本を買ってきては、「これ食べたいなあ」「あれ食べたいなあ」と言うのです。その言葉にすっかり乗せられた私は、失敗をくりかえしながらも挑戦を重ね、レパートリーも、シフォンケーキ、チーズケーキ、パウンドケーキやスイーツなどと少しずつ増えていきました。

私の料理歴のスタートはそんなところですが、日頃は妻がいるので、ほとんどは妻まかせです。ところが五十歳になろうかという頃、かのケーキ作りで、私をやる気にさえさせれば、ふだんの料理作りでもある程度はやれると妻は見ぬいたのでしょう。「土曜日と日曜日は家にいるのだから食事を作ってください」と言うのです。根が嫌いなほうではなかった私は、妻に請われるまま、週末の二日間、あいかわらず我流ではありますが、食事を作るようになったのです。初めは、味が濃かったり、薄かったりいろいろでしたが、妻が「おいしいよ。けど、次はこうしたら？」とうまくあやつるのです。パンフレットや広告を見て、西部ガスや九州電力の料理教室にも通って少し勉強してみたこともありました。

当仁公民館の料理教室との出会いは、そんなときにやってきました。転勤で福岡に来て、休日などは何もすることなくブラブラする日が続いていたとき、妻が「男の料理教室というのがあったから申し込んでおいたわ」と言うのです。

結局、私の料理修業のレールはこんなぐあいで、妻がしいたようなものですが、ともあれ、この会に入会し、「そば打ち」からやがて「男の料理教室」へと続く公民館活動の生徒の一人として今にいたったのです。

私もそうですが、料理教室のメンバーを見わたしたところ、入会のきっかけは人それぞれだと思います。そば打ちをしたいと思っていた人、自分でも何か料理を作ってみたいと考えた人、とりあえずお付き合いで参加した人、みんなと話をしながら、食べ、飲めればこれにまさるものなしという人などいろいろです。初めから料理のできる人、できない人、いろんな人がいていいのではないでしょうか。料理を作ることで人と人との接点ができたり、逆に、人と人とのつながりが料理の修得につながったり、と。

料理の技術にしても、そんなにおおげさに考える必要はないのではないでしょうか。料理は、きわめればいくらでも奥は深くなりますが、今さらプロの料理人になろうというわけではありません。味噌汁ひとつとっても、とりあえずは、お湯を沸かして、味噌を溶くぐらいは誰でもできます。食べてみて、何かが違う？　味が薄い？　あるいは濃い？　コクがない？

それでは、インスタントのだしを入れてみるか、ということにもなりますし、知識が与えられれば、いりこからだしを取っていく手間をかけるようにもなるでしょう。具についても、向上心さえあれば、いろいろ工夫をするものです。

中華料理にしても、調味料のことをあれこれ考えたら、ハードルは高くなります。豆板醤《トウバンジャン》、甜麺醤《テンメンジャン》、豆豉《トウチィ》

ケーキはプロ級の樺田さん

樺田信行作　麻婆豆腐（104ページを参照）

など、一回使ったきりで、二度目はなかなか使わないものもあると思います。そんな時、江上先生は代わりになる変化球をおしえてくださいました。たとえば、麻婆豆腐。赤みそで代替できて、とても美味しかったです。料理教室に通ってよかったと思うのは、そんなときですね。思いもかけない知識を与えられるのです。

江上先生には、毎月の教室で、三~四品の料理を教えてもらい、たくさん学ばせていただきました。煮物、揚げ物、酢の物、焼き物、炒め物。和食から洋食、中華とレパートリーは広がっていきましたが、そんななかでも、最初のころに教えていただいたこの麻婆豆腐はとても印象的でした。八丁味噌を使ってピリ辛で簡単にでき、とても美味。料理教室の翌日の日曜日にはさっそく材料を買いに行き、みんなに作って食べさせました。妻も子どもも大喜び。そのときの満足感は、なんともいえないものでした。それからというもの、教えていただいたもののなかで、出来そうな料理はいろいろと家で試してみました。青椒肉絲《チンジャオロウスウ》、酢豚、あじと大根のぬた、各種鍋料理、てんぷらやコロッケ。そして煮りんごのカスタードソースかけなどのデザートにいたるまで。今はパスタにも凝っていて、ホールトマトからソースを作っていくトマトソース作りも楽しいです。食べてくれた人の評判も上々で、江上先生が入院をなさったときには、代講を買って出てパスタ三種を皆さんに教えさせていただきました。

料理教室のメンバーの皆さんは、リタイアされ、第二の人生を楽しんでおられる方がほとんどですが、とても親切で、お互いを尊重し、思いやりをかわしあう方ばかりです。料理のほうも、それぞれ特技があり、天ぷらを揚げるのが上手な人、サラダが得意な人、魚をさばくのがうまい人、それぞれに得意分野があるようです。教室でも、料理を作る人、お皿の準備をする人、あとかたづけを得意とする人など、それぞれの役割をこなしてなんの不満もない、とても真摯な方々です。楽しく作り、食べ、飲み、語ることができるこの教室での学びのひと時を考えると、結局、料理というのは、共に食べてくれる人がいて初めて成立する人間の人間らしい最も大切な行為ではないかと考えたりします。一緒に食べあうという喜びに満ちたひとときに向かって用意し、準備し、お膳立てをする行為ではないだろうか、と。そのことは、料理教室でも家庭でも感じることで、この喜びをより豊かなものにするために、がんばって勉強したいと思っています。

木鉢を削りつつ、そば打ちから料理教室へと歩んだ年月

木立 晴久（七十歳）

商店街の役員の任務からそろそろ退こうかと思っていた十数年前のこと、向かいのプリントショップの社長が「そば打ちをしませんか」と誘ってきたのです。私は否やも言わず応じました。すぐさま製麵所経営の夫婦ほか二十人ほどが集まりました。そこにさっそうというほどではありませんが、飄然と独特の風格を漂よわせて現われたのが有森松三師匠でした。頃は十一月、新そばの時期で、緑がかった粉が芳香を放っていました。

有森師匠のそば打ちの講義と実技指導とそばの香りに酔いましたね。私はすぐに手頃なのし棒を買い求め、こま板を作り、こね鉢は当面台所のボールで間に合わせました。

月に二キロから三キロくらいのペースでそば打ちをしました。

そば打ちにのめりこんだ私は自分用の木製のこね鉢を作ることにしました。楠の木を彫って作るのですが、彫

る道具も必要です。私はそば打ちと木鉢作りに夢中になりました。

そばは家で食べきれず、近所の仲間にも配りました。ブツブツに切れたのや名古屋のきしめんと間違われかねないそばを配りました。当時は、「なーに、腹に入ってしまえば同じことよ」と言ってはばからず、今にして思えば恥ずかしいかぎりです。もっと厚かましかったのは、習った翌年の六月に商店街のイベントで人前でそば打ちをやったことです。有森師匠が横についていてくれたので、なんとかこなしましたが、まことに汗顔のいたりでした。

ところが私は趣味の世界に没入しようとしたり、のめりこんでいる時期になると、不思議に逃れられない仕事が舞いこんでくるのです。この時も町の世話人、町内会長を引き受けさせられて、二年後には制度変更により町内会長を取りまとめる自治協議会の会長にもなってしまいました。

会長になればなったで、さまざまな活動にかかわることになります。私は自治協議会の事務所がある当仁公民館で新たにそば打ち会をやろうと思いたちました。公民館だよりで募集したところ三十人ほど集まりました。私としては自分が講師ということではなく一緒に楽しみたかったのですが、三十人を指導するとなると、生半可な姿勢ではできません。結局、有森師匠にお願いすることになりました。そして、このそば打ちの集まりは、ほどなく公民館の〝男の料理教室〟という名のサークルとして登録されることになったのです。しかし、自治協議会会長の仕事は多忙で、この〝男の料理教室〟には年に二、三回くらいしか出席できず、私は時間があるときはあいかわらず木鉢を削っていたのです。

そうこうして時を経た平成十五年、私は緑内障の手術を受けることになりました。そして、平成十八年頃までに両眼を計八回も手術し、視覚障害四級ということになってしまったのです。私は家族の勧めで視聴覚障害福祉センター（あいあいセンター）でパソコン教育を受講しました。視覚障害者用のＰＣトウカーズというソフトを使っての勉強です。二十年前から開発されたものだそうですが、ずいぶん良くなっていて、私はこのソフトのおかげで他のソフトにも接することができました。

平成二十二年九月には私の視力はついに視覚障害者一級のレベルにまでおちてしまいました。どこからかは光が入ってきていましたが、〝男の料理教室〟に参加しても料理は作れず、隅で石橋次郎御大と共に世間話をしながら、料理ができあがるのを待つ身となったのです。目はだんだん舞台の緞帳が降りるように暗くなり、黒い帳《とばり》につつまれ、平成二十五年には全盲にまでいたってしまいました。今まで人の手にすがって歩いていたのですが、黄色の点字ブロックで歩く練習を始めているところです。

公民館の〝男の料理教室〟は、有森師匠が四、五年ほどそば打ちを指導してくれていたと思います。ところが、その有森師匠が倒れられてしまい、そのあとは、めきめきと力をつけられた石橋洋一さんが師範代をつとめてくれました。そうこうするうちに会員からそばだけでなく酒の肴も料理ができるようになりたいとの声が上がり、四年ほど前、江上和子先生の登場とあいなったわけです。その当時の私のおぼつかない目で江上和子先生の料理を拝見したところでは、先生の料理には花がある。華やかさがあると思いました。

うれしいことに〝男の料理教室〟は、入会申し込みが多く、入会は目下空き待ちだそうです。メンバーは皆、世の荒波を乗り切って疲れも見えるけど円熟した初老の紳士たちです。その人たちに囲まれて江上和子先生は、せっかちなのか、はりきっているのか、教室にはいの一番にやってきます。私の見たところ、料理でいえば紳士

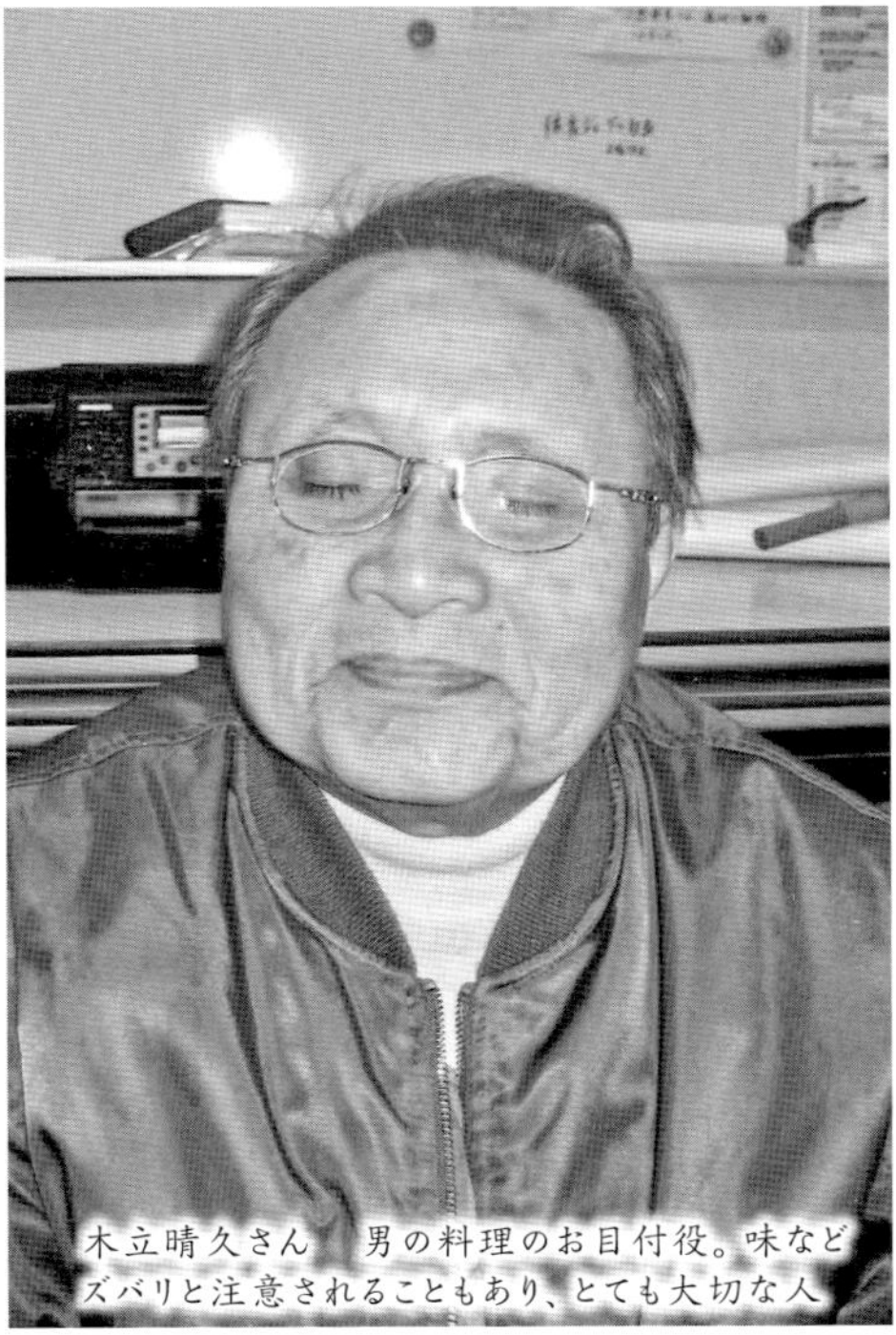
木立晴久さん　男の料理のお目付役。味などズバリと注意されることもあり、とても大切な人

たちは付け野菜で、江上和子先生がメインディシッュです。付け野菜は、刺身の盛り合わせの大根のケンであり、ビーフステーキに付いているキャベツのせん切りやポテトや人参がそうですが、実は、これがなくてはならない料理の一部。往時は紳士たちもメインディシッュとして、燦然《さんぜん》と輝いていたのでしょう。

そして、その紳士たちがまだまだ輝いて見えるときがあるのですからたいしたものです。会員の何人かは「大濠まつり」の黒田二十四騎の武者行列に鎧《よろい》、甲冑《かっちゅう》で参加したり、「博多山笠」の中洲流れに参加したりして、地方の文化にはまり込んでいます。当仁小学校でゲストティーチャーとして花壇の水やり、九九検定、辞書ひき検定、昔遊び、お釜でご飯炊きなどをされている方もいます。三年ほど前に当仁小学校で宝満山へ鍛錬遠足を計画した時、他校で女児三人が途中ではぐれて大変だったことを受け、料理教室の会員の一人が山の会に相談し、協力してもらったこともあります。校区事業の文化祭にも料理教室の皆さんはバザー店を出して参加しています。

作り始めて10年以上たっても満足できる仕上がりにならない木鉢

初めにそば打ちの会を始めてから、会自体がそう変わったわけではありませんが、会員の皆さんはそれぞれのスタイルで地方の祭りや行事などに参加されています。この地に生まれ育ったのではない方でも地域コミュニティーに溶けこんでいるのです。そういうことは当初意図したわけではないのですが、会員の思わぬ活躍に私はとても喜びを感じています。

第二の人生に入ろうとしている人、すでに突入している人、思い切って一歩を踏み出してみませんか。私たちの経験から、そういうメッセージを発したいと思います。

ところで、製作途中の私のこね鉢ですが、ある夏の日、その木鉢をうっかり外に出しておいたら、真ん中にヒビが入っているではありませんか。原因はすぐにわかりました。材木が乾ききっていないのを日にさらしたためだったのです。そして木鉢を逆さにして見上げると底のほうから太陽の光が入ってくるのがわかります。削りすぎなのです。私はがっかりし、割って燃やしてしまおうとしたのですが、思い直して何箇所かヒビのところに桜材の鎹《かすがい》を渡して埋め込み、底の薄くなっている部分とそのヒビのところにパテを塗りこんで待つことにしました。

　そのまま二年ほど置いて、パテが乾いたので目止めの〝トの粉〟を塗り、乾かして紙やすりをかけるのに一年かけ、木鉢の内側に下地を塗り、朱色の漆を三、四回重ね塗りをしたのですが表面にザラザラができて、結局のところ失敗です。にわか勉強では駄目だと思い、またも、そのうち割って燃やしてしまおうとあきらめ、一年ほどほったらかしていたのですが、ある時ふと見ると、どうしたわけかざらついていた表面が滑らかになっているではありませんか。私はまた、再度木鉢作りに挑戦することにしました。

　わが家では年越しそばは手打ちです。石橋洋一さんが仕入れてくださったそば粉を息子が打ってくれるのです。

　いまだ木製のこね鉢は完成していませんが、いずれ自分手製の木鉢でそばを打ち、すすることができれば、これにまさる幸せはありません。

二人のお目付役、木立さん（左）と石橋さん（右）

ハーモニカの一人バンドで料理教室で伴奏も

瀬戸　敏郎（八十三歳）

もう五、六年前になるでしょうか。老人会の旅行で一緒になった鶴田さんらに、月に一回そば打ちをやっているから来てみない？　と誘われたのです。ところが、軽い気持ちで様子を見に行くつもりだったのが、すっかりハマってしまいました。自慢するわけじゃないけれど、私のそば打ちが、先生にうまいと褒められたのです。その気になってしまいましたね。

そのうち、そば打ちに男の料理教室が加わると、会員の数も増え、料理実習室が手狭に感じるほどになりました。皆さんの出席率もよく、終わったあとの試食会がこれまた実に楽しいのです。そば打ちの楽しさに料理をつくる喜び、その料理をみんなで味わう幸せが加わりました。現役の頃は重要な役職をになっていた錚々《そうそう》たる人たちが、自慢話をするわけでもなく、互いに互いを思いやり、個性はあっても人柄はおだやかで、これ以上ないほど和やかな集いの場に成長していった、と言ったらいいんでしょうか。

定年を何年も過ぎた男たちを指導するのは、紅一点の江上和子先生。この江上先生がけっこう冗談も言ったりする人なものですから、私たちも調子に乗って先生をからかってジョークを言い、教室が爆笑ではじけることもあります。

料理実習でつくった蕎麦を持って帰ったりすると、妻はとても美味しいと喜んでくれますし、料理も、家庭ではなかなか作られないものもあるので、心待ちにしているようです。私自身はというと、中国から引き揚げて来た姉がよく作ってくれたので、中華料理は懐かしい味がして特に好きですね。

　教室で教わった料理のレシピは大切に持ち帰って保存しています。その中からこれを作ってくれと妻に頼んでみるのですが、なかなかうんと言いません。妻は妻で長年作りなれていて、計量も調味料も目をつぶっていても狂いなくできる食事づくりを踏み出さないもののようです。こうなったら、私自身がやるしかないので、家庭では戦力として必要とされていないので、今のところはレシピを溜めることに専心です。

道の駅で大芋（八つ頭の親芋）をみつけた瀬戸敏郎さん。もちろん芋は翌日の料理教室で太鼓煮にしてホクホクを全員で食べました

　この冬、体調を崩して何回か料理教室を休みました。あまりないことなので皆がとても心配してくれて、顔を見せるだけでもいいからおいで、と言ってくれました。

　私はみんなの平均年齢より十歳も上です。甘えてはいけないとも考えましたが、行ってみると「だいじょうぶですか」「無理をしないで」と口々に声をかけてくれ、「座って座って」などと気遣って椅子をすすめてくれたりもしました。私はありがたいと思いましたね。これまでも料理実習には手を出さず、見学することがほとんどなのは石橋次郎御大と木立晴久さん、そして私の三人な

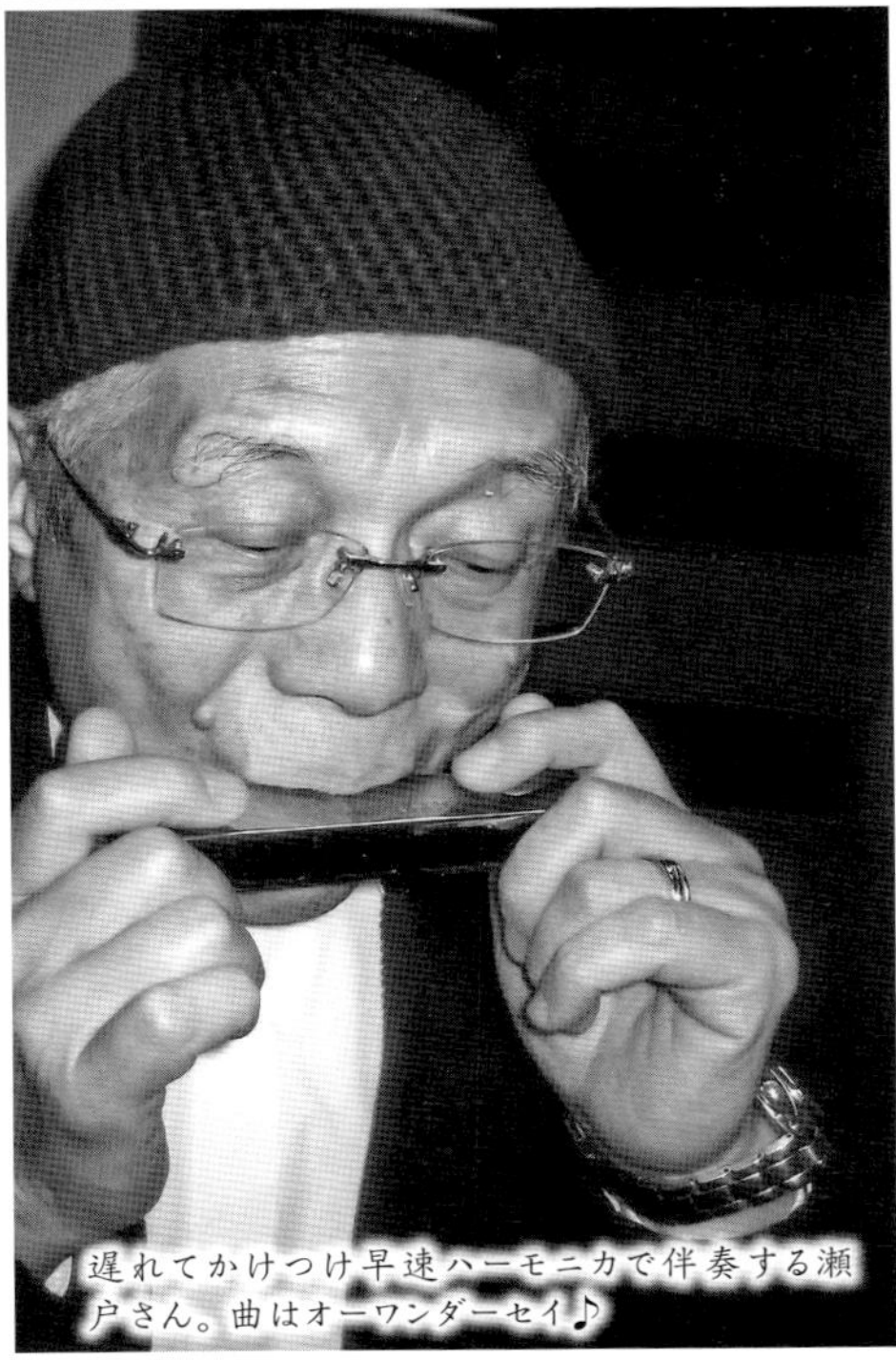
遅れてかけつけ早速ハーモニカで伴奏する瀬戸さん。曲はオーワンダーセイ♪

のですが、年が年とはいえ、ほんとうに大事にしてくれます。料理上手の人や、やりたい人が率先してやり、試食の皿並べや後片づけが得意な人、試食のときの談笑がみなを和ませる人、人それぞれに持ち場があり、和やかさや温かさを生みだしていて、それを楽しみに出席しているのです。

そんなわけで、私は福岡のシニアネットオーケストラ（約四十名）でハーモニカを担当しているのですが、合奏の練習で遅れたりしても、この料理教室の試食会には間にあうようにかけつけることにしています。

そうそう、私にはもう一つ持ち場がありました。このハーモニカの特技を生かし、料理教室の家族招待会などで、全員で合唱する時、ハーモニカ伴奏の一人バンドで、皆さんを盛り上げる大事な役割を与えられているのです。

私はこの教室の仲間と、先生、みんなの人柄と気持ちが大好きで、ここに来るのがほんとうに、楽しくて、うれしくてたまらないのです。

朝食の味噌汁には一家言あり

曽我部　武彦（七十一歳）

五、六年前になりますが、私と鶴田勇夫さんが、当仁公民館で石橋洋一会長、木立晴久会長と話をする機会がありました。その折り、木立会長から、公民館で、自分が中心になって、毎月一回、そば打ちの同好会をやっているのだが、よかったら参加してみないかと誘われました。私と鶴田さんは二つ返事で、やりたい、やります、

毎日朝食を作っている曽我部さん。手つきはなんとなく心もとないが……

と入会させていただくことにしたのです。

その後、木立会長の健康状態もあって、そば打ちの先生は、有森松三先生にかわり、二か月に一回ぐらい来てもらって、教えていただくようになりました。そして、会そのものは、今にいたるコアのメンバーが積極的にかかわるようになり、ほどなく講習も月一回、定期的に催されるようになったのです。

しばらくして有森先生が個人的な理由で講師を辞退されたあとは、そば打ちの講師は、他地区の公民館のそば打ち教室でかなりの期間講習を受けていた石橋洋一会長に引き受けてもらい、新しく、料理研究家の江上和子先生に、料理全般を教えていただくことになりました。

江上先生が講師になられると、教室の雰囲気は一変しました。紅一点、ということもあるでしょうが、先生は生徒にとても丁寧で、わかりやすく、一品でも多くの料理をつくれるよう指導したいという気持ちがひしひしと伝わってくるのです。そして、作られた料理がどれもおいしくて、毎回かならずレシピを持ちかえり、妻にも話をし、是非、家でもつくって食べさせてやりたいと思うのですが……、思うだけでなかなか家では作る回数は多

五目焼きそばのでき上がり。曽我部武彦さん。家族会で

くはありません。しかし、毎月、第四土曜日にひらかれる料理教室が待ち遠しくてたまらなくなったのは、私だけではないと思います。

私は現在、妻と二人で暮らしています。この地に住むようになって、今年で十二年目になります。

私は十年前に定年で製薬会社を退職したとき、薬剤師であった妻も同時に仕事を辞め、これから先はお互いにやりたいこと、好きなことをしようと話し合いました。そば打ち同好会から男の料理教室にいたる「食」と「料理」の学びの機会に出会うのに、数年を要したことになりますが、この料理教室での学びと、そこで得た人間関係、そしてそれらの人々との地域での活動は、私の第二の人生の大きな稔りになりました。

この男の料理教室は、公民館のサークル活動に登録されているので、夏の子供会行事である「そうめん流し」や秋の文化祭のバザーには、コアメンバーは習いおぼえた料理で出店し、参加された人々が楽しんでもらえるよう、おもてなしに全力をあげ、喜々としてがんばっています。男の料理教室のメンバーの奥様方も応援してくれ、和気あいあいの雰囲気も楽しみのひとつです。

かんじんの料理の腕前については、プロ級に近くわざを磨いた人もいれば、そのアシスタントに徹している人、なにも手を出さず（汚さず）、見学に終始している人といろいろですが、この教室はそれでよいのです。江上先生の指導で料理が出来たあとは、腕をふるった人は言うまでもなく、ふるわなかった人も、いよいよわが出番がきたとばかりに、味見をし、評価をし、反省をして、次回に向けての上達を応援する。私たちの教室は、あたたかく、充実した雰囲気に満たされています。

私も、どちらかといえば、この料理教室では劣等生の部類に入るかと思いますが、江上先生に教えていただいた料理のレシピは大事に保管しています。

さきほども言ったように、家ではいまだに、料理と言えるような調理の腕をふるったことはありませんが、それでも毎朝の朝食担当で、ご飯炊き、味噌汁づくり、キュウリとトマトなどのフレッシュな野菜の盛り合わせは私が用意するようになっています。私は、味噌汁が大好きで、味噌は取り寄せたものを使い、だしは、いりこでとりますが、それが少し溜まると、妻がいりこの頭とワタをつまみ取って、二つに裂き、佃煮にして食べるのです。

妻が、外国のシェフが、自分たちはスープを鶏ガラやもも肉、牛筋肉や野菜、香草などを使って四、五時間かけてとるのに対し、日本のだしは、昆布と削りかつおを使って十分か十五分でおいしくとるのに感心した、西洋料理もこれからは日本のだし汁を参考にすべきだ——と話しているのをTVで見たと言っていました。今のところ、そのだしで、毎朝おいしい味噌汁やすまし汁を作るのを、私は自分の最も大事な役割と考えています。

ちなみに、我が家の今朝の献立は、白ご飯、あさりの味噌汁、ハムエッグ、もずく酢、フレッシュ・トマトとキュウリ、梅干しですが、いずれは、このレベルにとどまらず、得意料理を二、三品はマスターして、家内からおいしいと舌鼓をうってもらいたい——その夢は捨ててはいないのです。

登山からキャンプ料理に始まって

津隈　正剛（六十六歳）

六十歳で定年退職し、六年が経過しました。現在、妻と二人暮らしです。

私は、十代の頃山登りを始めてから、キャンプを張って山野を移動する機会が多くなり、当然のこと、料理は必要に迫られ、自分でやるようになりました。日本キャンプ協会が認定する「キャンプ指導員」になってからは、学校や団体の登山とキャンプを組み合わせた野外活動の支援を頼まれるようになり、山料理のレパートリーも、バーベキューやカレー、シチュー、豚肉のトマト煮、とん汁やだんご汁などとしだいに増えていきました。

　しかし、電気工事会社勤務という仕事柄、転勤が多く、転居するたびに山仲間との活動は少なくなっていき、逆に、妻と二人で近くの山に登ったり、キャンプをする機会は多くなりましたが、山での料理番はもちろん私が務めることになります。そんなわけで、単身赴任の生活もたびたびありましたが、調理ができなくて食事に困るということはなかったのです。コンビニを利用するのは昼の弁当ぐらいで、朝夕、自分で食べるものはちゃんと自分で作っていました。

　料理教室に入ったきっかけは、定年後、大濠公園の清掃・マナーアップ・花壇の手入れなどのボランティア活動で知り合った鶴田勇夫さんから飲み会で話を聞いたからで、料理を覚えなければならないという、させまったものはありませんでした。しかし、そこで「そば打ち」をやっていると聞いて、興味がわいたことと、むしろ妻のほうが積極的で、入会を強くすすめられたことが大きいと思います。妻はどうやら、私の料理の腕には期待しないけれど、手打ちのそばに魅力を感じていたようです。

　初めてそば打ちをしたとき、石橋洋一先生からは水まわしと捏《こ》ね方が大事だと教えられました。でも、大事なのはそれだけではありません。あるとき、ドイツ人のイワン君が教室に遊びにきていて、このイワン君というのが、くやしいことに「蕎麦打同好会」という会に所属していたなかなかのそば打ちで、先生を手伝って、「次はこうです」とか言って、「延ばし」「たたみ」「切る」まで付きっきりで教えてくれたのです。イワン君は日本人の女性と結婚してドイツに帰国したのですが、日本に来ると必ず教室に顔を出す、日本人以上に日本的なへんな外国人です。

ともあれ、私は入会してまだ二年弱の新参生徒で、メンバーの中でもキャリアは浅いのですが、とてもよい雰囲気をつくってくれる先輩たちにまじって、回数を重ねるごとにそば打ちも自信がついてきました。旅行会社のそば打ち体験ツアーにも数回参加し、同行メンバーに手本を見せられるぐらいにはなっています。

そば打ち以外の料理はどうかというと、江上先生の料理指導で、私の調理技術も少しは磨きがかかってきたとは思います。教室では、調味料を正確に計量するよう指導されており、料理教室に行くようになってからは、調

豆腐の肉巻きです。どうぞ——と、津隈さん

津隈正剛作　豆腐の肉巻き（137ページを参照）

味料そのものに興味が出てきて、他の市や町で実施される味噌づくり、醤油づくりの体験教室にも参加するようになりました。味噌はおいしくできるのですが、醤油は少量だとなかなか難しいことがわかりました。

妻も山料理のころに比べると、私の上達を認めてくれ、私が作った料理をおいしいと言ってくれます。みんなのなかでもまれて、少しは繊細な味も出せるようになったのかもしれません。

しかし、妻に言わせると、私は「お金のかけすぎ」「時間のかけすぎ」だそうですが、これはコストを考えない男の料理に通じるものかもしれません。それでも、料理教室で習ったものはだいたい家で作ってみることにしていますし、旅行が好きで旅先でおいしいものに出会ったりすると、味を覚えておいて、同じものはできないにしても、それに近いものをつくることに挑戦しています。

妻も最近は、食事の準備がめんどうになると、「何かつくって!」と私に言ってくることが少なくありません。

豆腐の肉巻きを盛りつける津隈正剛さん

おでん作りなどは、以前から得意でしたが、作って簡単、味も太鼓判を押してもらえるのは、教室で習った豆腐の肉巻きや、白菜鍋。そばではザルそばが一番と妻は言い、変わったところでは揚げそばがきを喜んで食べます。

最初にお話ししたように、料理教室に参加するようになってから、そのつながりで公民館のそうめん流し、文化祭ほか防災訓練の炊き出しにも参加し、小学校行事にもゲストティーチャーとしてかかわるようになりました。活動の幅が急に広がり、現在では、「大濠公園をよくする会」の事務局長として活動しています。

公民館も小学校も、自分の住居区域外になるのですが、どちらかというと料理教室の縁で、住居地域の公民館よりそちらのほうが親しみやすく、楽しく参加できている状態です。石橋次郎会長のはからいで、老人会活動にも加わらせていただき、定年後、公園清掃ボランティアのみで、地域とのかかわりの薄かった自分が、人につながる充実した生活をおくるきっかけを与えられたことを感謝しています。

料理教室のリーダーの鶴田さんから「ボランティアも手伝って！」と声をかけてもらい、「あんたがいないとうまく進まない」と言われると、「必要とされている」冥利に尽きる思いで、日程を調整しながら協力させていただいているのです。これからも体が動くかぎりがんばりたいと思います。

食は人と人を結びつける

鶴田　勇夫（七十二歳）

私の一日は朝五時の起床に始まります。朝刊に一時間半かけて隅々まで目をとおし、六時二十五分、家内とＴＶ体操や自彊術《じきょうじゅつ》を十分間。七時すぎから二人で近くの西公園の山を散歩します。光雲神社、立帰神社、中司神社にお詣りし、前日が無事にすごせたことに感謝をし、今日の願いごとを祈るのです。

家内とは小一時間ウォーキングしながら、お互いに昨日の出来事、今日の予定などを話します。お互いに趣味やボランティアなどの活動予定があるので、この朝の一時間が貴重な会話のひとときなのです（防妻・ボウサイ・

訓練も兼ねています）。

こうして、二人の一日が始まるのですが、朝食と昼ご飯の用意は、妻と私が半々ぐらいで担当します。とくに昼食は私が七割がたやるでしょうか。後片づけはむろん私です。夕食は妻が担当することが多く、私は六時の時報とともに「プシーッ」と缶ビールをあけ、あと、芋焼酎で一日の疲れを癒させてもらいます。

毎日の食事作りに私がこれほど積極的にかかわるようになったのは、地区の公民館活動の一環である料理研究家・江上和子先生の料理教室に通うようになってからです。六年ほど前、木立自治会長と石橋洋一さんから、公民館の「そば打ち教室」に誘われて入ったのがきっかけでした。しばらくは「そば」一本で有森松三先生に習っていたのですが、そのうちに、ほかの料理もやりたいという声が上がるようになり、私の住居の近くに住んでいる江上先生にお願いしたら、快く引き受けてくださったのです。

江上先生の家は、私のすぐ隣のマンションで、公私とものお付き合いをいただいています。料理に対する江上先生の熱意には頭が下がります。時々ピンポンとインターフォンを鳴らし、「試作品なんだけれど、食べてもらえる？」と作った料理を持参され、私は食後の感想を伝えるだけで、いつも「アツアツ」の料理を賞味できるという地の利に恵まれているのです。感謝、感謝です。

料理の腕はまだまだですが、これまでに何度も作り、妻や、近くに住む息子夫婦、孫たちが喜んで食べてくれた「にんじんのサラダ」、時によい肉を奮発して作る「ローストビーフ」、簡単でおいしい「コーンと枝豆の味ご飯」、手軽で安くあがる「白菜鍋」、酒の肴にもってこいの野菜がおいしくとれる「ナムルのいろいろ」、仲間の石橋洋一さんの庭でとれる梅でつくる「梅酢味噌」などが得意といえば得意。この「梅酢味噌」はおいしいですよ。

そして、食は人と人を結びつけるのです。料理教室へ通うことで、仲間から仲間へ、定年後の私の地域ボランティア活動の輪はさまざまなひろがりをもつようになりました。①仁寿会というお年寄りの会に参加し、神社や歩道の清掃活動を行う。②「大濠公園を良くする会」に入会し、清掃・パトロールを行う。③「大濠ガーデニングクラブ」にも入会。季節の花植え、草取り、水撒きを行う。④私ほか「緑のコーディネーター」という福岡市認定資格者数名で校区の当仁小学校の花壇の整備・生徒との花植え学習などを行う。⑤学校の依頼で料理教室のメンバーが竈《かまど》つくり、米洗い、マッチで火をつける、炊きあがったご飯を生徒と一緒に食べる、「ご飯炊き」指導を行う。⑥校庭が開放される土曜日・日曜日に遊びにくる子どもたちへの遊戯道具の貸出し、監視。⑦校区の文化祭に料理教室のメンバーで料理し、出店販売する。⑧夏には公民館広場で「そうめん流し」を行う。そのほかキャンプや山登りクラブの会長からマージャン会にいたるまで、仲間からのお誘いには「NOなし男」の原則を貫く毎日で、毎週、毎月があっという間に過ぎていきます。

それにしても、地区の方々、クラブの方々、教室の

オオイ、白菜がとろとろに煮えたぞ——。さあ呑もうぜと、鶴田さん

やめろやめろと言われても登山グループのリーダーをやっていて、週1回は山に登っている。膝に痛み止めの注射を打っても。四王寺山にて

方々に支えられた日々で、その中心にあるのが江上先生の料理教室と、理解と協力を惜しまない家内の存在です。

　家内には、夫婦と言えども毎朝「おはよう」という言葉をかけ、何かをしてもらったら「ありがとう」と感謝し、やすむ前には「おやすみ」のことばをかわして気持ちを伝えることを自分に課しています。これは防妻訓練ではありません。

和気あいあいの試食会。全員でのあとかたづけ。ふきん、台拭きも持ち帰って…

二川　昭一（七十歳）

　私は全国組織の土木系コンサルタント会社を退職し、十年になります。会社は地元福岡ですが、三十歳までの数年を東京で暮らしたほか、九州一円を担当していたので、地域社会とはどうしても疎遠になっていました。しかし、退職してからは町内会長をまかされたこともあって、公民館等にも出入りするようになり、老人会の清掃ボランティアをしたり、文化祭や、そうめん流しなどにも参加するようになったことから、この料理教室のことを知って、ごく自然に入会しました。六年ほど前のことでした。

　初めはそば打ちだけで、時たま餃子《ギョーザ》を作ったりもしていたのですが、隔月で、そばと料理をやるようになり、そのうちに毎月一回の料理教室がレギュラーになっていったのです。

　この会のメンバーは十五、六人。ほとんどが定年退職者ですが、趣味に、ボランティア活動に積極的にかかわり、行動する人々の集まりです。月一回公民館に集まり、料理研究家の江上和子先生の指導のもと、またメンバーの中には料理の種類によってはプロ級の腕をもつ者も何人かいて、その人たちを中心に全員で料理を学び、作り、そのあと、料理のでき映えを話題に、談笑しつつ試食会を催します。夕方の四時頃から二時間半ぐらいを和気あいあいと楽しみ、翌月の再会を約して解散となる。一見クールだが、なかなか味のある集まりなのです。

試食会は、ともするとダラダラと長くなるものですが、いくらおそくなっても、七時にはきちっとお開きにし、気持ちよいぐらい潔いのです。あとは、全員で片づけ，掃除をして、だれかが自発的にふきん、台拭きなどを持ち帰って洗い、この次の教室の時にもってくる。ごく自然とそういうルールになっていきました。

残念ながら、私は教室で習いおぼえた料理の腕を自宅で披露するにはいたっていません。しかし、毎年，年末になると一メートルほどの鰤《ぶり》をさばくのは私の役目です。その

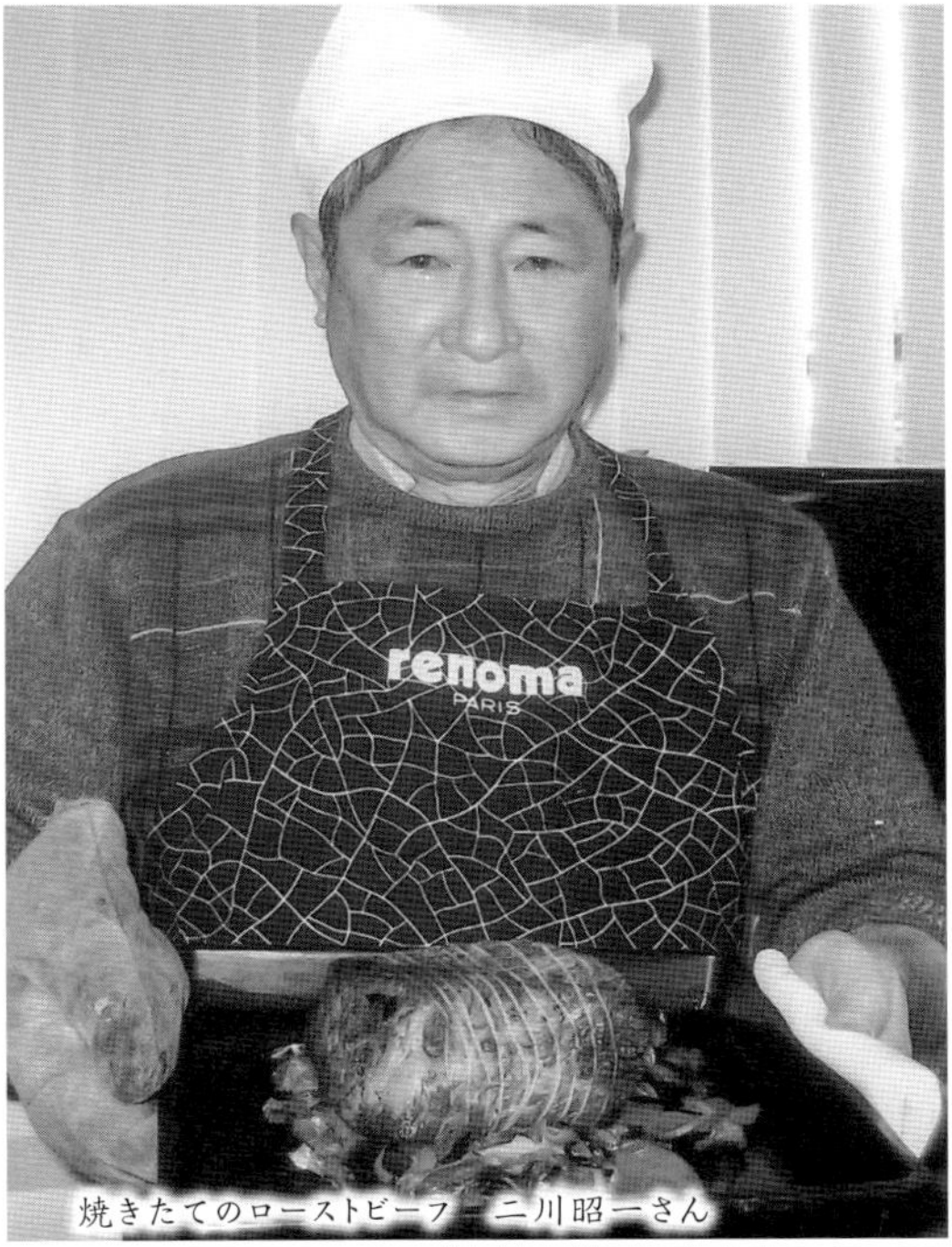

焼きたてのローストビーフ　二川昭一さん

それレシピ通りなの？　二川昭一さん

時は、まず魚包丁を研ぐことから始めます。私の祖先に「二川相近《すけちか》」という、福岡で知られた黒田節の作詞家の文人武士がいるのですが、その家風を受け継いで、父親から日本刀の扱い方の作法を教えこまれたせいか、刃物には多少の知識もあってのこと。しかし、魚をさばき終わるまでが私の仕事で、鰤を調理するのは妻におまかせです。そのうちに、そのうちに、と思っているうちに何年もたってしまいましたが、いつかは鰤の調理までを引き受けたいと思っています。

教室では江上先生の指導で調理をやっていくと、だいたいおいしく仕上がりますね。むろん失敗もあります。そば打ちは、水が足りないとひび割れができるし、多すぎるとベタベタして延ばすときにくっつきます。その日の天気や気温でも微妙に差し水は違ってきます。奥が深いです。また、えびフライを作ったとき、殻をむかずに小麦粉・溶き卵・パン粉をつけて揚げてしまったので、えびのころもがとれて裸のえび揚げになってしまいました。ライスサラダのときは、ご飯をドレッシングであえ、、、、さましてから生野菜を入れなければならないのに、すぐに入れてしまったためにクタクタ野菜ご飯になってしまったことなど、江上先生の指導の目をくぐり抜けての失敗は数知れず。しかし、みんな個性的ではあるけれど、人柄のよい人ばかりで、声を荒らげるようなこともなく、長老は見学するだけでも、試食会ではみんなが敬意を払い、とても大切にしています。

これまでに教わりながら作った料理でおいしかったのは、とても簡単につくれておいしい「麻婆豆腐」、とにかくおいしかった「ローストビーフ」、簡単なのにお代わりしたいくらい美味だった「コーンと枝豆の味ご飯」「ミックス茸の炒めもの」「揚げそばの五目あんかけ（炸麵）」なども、こうするとそばもおいしいなと思いました。

江上先生には市販のカレールーやドミグラスソースなど、半既製品の使い方も習っていきたいと思っています。それに、やっぱり酒をおいしく飲める料理をもっとね。

亭主おだてりゃ料理する！

前崎　裕弘《やすひろ》（五十七歳）

江上和子先生の男の料理教室に入る前は、料理にはあまり興味がなく、私が台所に立って作るものといえば、チャーハン・目玉焼き・インスタントラーメンぐらいでした。ところが、定年退職した会社の先輩樺田さんの紹介でこの料理教室に入ったのですが、コレがはまりました！

料理教室に行くようになって一番最初に家庭で作った料理は、麻婆豆腐でした。もともと麻婆豆腐は私の好きなメニューだったので、料理教室の翌日の日曜日、ひき肉と豆腐それに豆板醬、甜麵醬など初めての調味料を買い求めて挑戦しました。

料理教室でのレシピにそってやってみると、案外スムーズに作れました。ところが、味見をしたらたいそう辛い！　子ども四人と妻は、初めて父親が料理を作ってくれるというので、期待を込めて待っていたのですが、あまりの辛さに、一口、二口食べただけで、それ以上手を伸ばしてくれません。しょうがないので、私と年老いた母（八十代）だけで食べつくしたことを覚えています。母は子どもである私が作った料理を誰も食べないのはかわいそうだと思って食べてくれたのでしょう。「高級料理店で出されている料理みたいだけど、やはり香織さん（妻）の作るほうがおいしいね！」と言いつつ食べていました。「本格的な麻婆豆腐は、子どもたちの口には合わない！」というのが私のくやしまぎれの捨てゼリフでした。

しかしながら自分としてはかなりの満足感があり、その次の週もまた調味料を少なくして作ってみたりしました。でも、まだ子どもの口には合わない。三度目の挑戦でやっと家族の合格をもらうことができました。

その後は料理教室で習ったいろいろな料理を家庭で振る舞いました。失敗することもありましたが、時間をかけ、材料費にお金をかけて作っていくわけですから、しだいに評判もよくなっていき、そのうちには、今まで料理などしたことがない人が買って出てくれるわけですから、子どもは別としても妻は大助かり、大喜びで、多少まずくてもとにかくうまいと言ってくれるようになったのです。こうなれば、亭主おだてりゃ料理する！　です。それからというもの、自分が食べたい料理のレシピを探し、調味料の分量と多少の煮る、焼く、蒸す時間を大きく間違えなければまずまずの

前崎裕弘さん

本場スペイン仕込みのパエリアは、来客があったり、子供の誕生日に作って好評。鍋もスペインで買い求めたもの

料理はできる！　というわけで、自信のようなものも芽生え始めました。

むろん、失敗は数知れず、そのたびに会社にいるベテラン主婦に聞いては、なるほどと合点し、再度チャレンジ。こうして一家の家庭料理として定着していった私の好評料理レシピは、「さばのみそ煮」「柚子豚」「なすのずんだあえ」「揚げだし豆腐」「バンバンジー」など、だんだん増えていきました。

そのうちの一つが「パエーリャ」。

以前スペインに一年間ホームステイする機会があって、そこのおばさんが毎週日曜日になると作ってくれたのがこのパエーリャ。それが今でも思い出に残っていて、何とか自分で作ってみようとレシピを探し、何度も何度もいろいろな方法で試して、ようやく最近、家族にも友人たちにも納得してもらえる自慢レシピとなりました。

パエーリャ作りに欠かせないのがサフランです。これがとても高価なので、何とかならぬかと昨年からは球根を通販で注文して、自ら植え、せっせとめしべを採取して、乾かし、ビンに詰め、自前のものを使えるようになりました。

サフランだけでなく、料理を作るようになってからは、野菜作りにも興味をもち、夏ならナス、キュウリ、トマト、ゴーヤ、ピーマン、小玉スイカなど、冬にはブロッコリー、大根なども作り始めました。まだまだ失敗のほうが多いですが、楽しみが増えました。

家族に一番喜ばれるのは、バジルとにんにく。バジルはバジルソースを作るとあっという間になくなります。子どもたちは、朝、パンにこれを塗ってチーズをのせてトーストして食べます。すぐなくなりますね。

妻が一番喜ぶのは、にんにく醤油。私にとって一番簡単で手間いらず。妻はいろいろな料理に使って重宝しています。

わが家では、私が料理教室に通い始めたおかげで、大雑把な料理ではありますが、あらたなメニューが増え、家族は大喜び、私自身の楽しみも倍増している今日この頃です。

料理教室がきっかけで地域のボランティア活動にも

宮崎　隆慶（七十五歳）

国家公務員を定年退職してから二十年たちました。そのうちの十年は嘱託勤務でしたから、リタイアしてからは正味十年ほどが過ぎたことになります。料理については、公務員勤めのとき、単身赴任の生活を四年ほど経験していますし、若い頃から興味がありましたから、私も多少の心おぼえがあるのです。しかし、私と妻は二人暮らし、自分も若くないけど、妻も同じです。もし男の一人生活になったりしたら、食生活はちゃんとできるのだろうか、と、なにかのひょうしにそんなことをふと考えたのです。福岡の地元公民館活動の一環である料理教室の存在を知ったのはそんな時でした。これだ！　と、私はすぐさま入会したのです。四年前のことでした。

入会のもうひとつの動機は、地域の人たちとコミュニケーションがもてる場を探していたことでした。江上和子先生を講師とする定年過ぎの男たちが集う料理教室は、この二つの目的にバッチリでした。同年代の方々と、作った料理に舌づつみを打ちながら、楽しい雰囲気で世間話ができ、プライベートなことでも腹臓なく話ができる充実感は得がたいものでした。料理についても、反省会では、知っていること、知らないことをお互いにアドバイスしながら、あらためてレシピも再確認するという有意義な時間がもてています。なにより嬉しいのは、講師の江上先生から褒められること。子どもの頃、学校の先生に褒められたときの喜び、満足感をこの歳になって再体験しています。

料理の知識、技術も、ずっと身についてきました。食材の調達、洗い、切る、煮る、揚げる、炒める、器に盛るなどの段取りがスムーズにできるようになり、買い物も手際よく、上手になりました。調味料の計量の仕方が大切であることも肝に銘じるようになり、そうすれば味もそこそこ保証されるという自信も持てるようになりました。

おかげで、家でも、私は台所に立つことが増えました。ありがたいことに、私が作ったものを、家族は喜んで食べてくれます。息子もおいしいと言ってくれます。妻は？　妻も自分の権威が揺らがない程度にはほめてくれますよ。

私の得意なものは、ゴーヤ・チャンプルー、野菜炒めなど各種の炒めもの。自慢できるのは煮付け、刺身、〆サバなどの魚料理ですが、今後は、自分が子どもの頃に食べたような田舎料理、たとえば、がめ煮、魚の煮つけ、だんご汁などのおふくろの味的な料理を江上先生から習いたいと思っています。

しかし、定年後の私の人生が、いくらかでも充実し、

俺の手羽先の梅酒煮は、ウメーぞお、と宮崎さん

習ったばかりの煮りんごのデザート。宮崎隆慶さん

煮りんごのカスタードが人気ですっかり上手くなった宮崎さん

意味のあるものになっていると実感できるのは、なによりもこの料理教室がきっかけで、公民館などの支援要請に応じて、地域社会や学校行事などのボランティアの活動に自信をもって参加できるようになったことでした。

小学校で、羽釜でごはん炊きをやったり、校庭開放指導員をしたり、夏には公民館でそうめん流しをしたり、文化祭のときにはメニューを考えて食べ物の店を出店したり、防災訓練の一環で炊きだしをしたりして、今までに蓄積してきたレシピをもとに料理を作り、味わい、人を喜ばせ喜びを共にし、互いに褒めあうとき、相手ともいっそう親しくなり、何でも話しあえる人間関係ができていくように思えます。料理教室に入会してよかったと心から思うのはそんな時なのです。

男の料理教室に感謝！——妻の立場から

（妻）宮﨑　順子（七十歳）

夫婦二人とも、定年退職した時、私は、これから先、どんな生活を過ごすのか、とても不安でした。近所にあまり知り合いのいない夫は、大濠公園の散歩とプールの毎日。私が外出から帰ると、いつもテレビを見ていて、夕食を待っていました。

私はほんとうのところそれが苦痛で、月曜から土曜まで、パソコン教室、コンタクトブリッチの試合、カメラの撮影会、デパートめぐりや友達とのランチなどと、なにかと用事をつくって毎日出かけていました。

夫にも時には出かけてほしくて、カラオケや、ゲートボール、ひょっとこ踊り、マジック講座、脳トレなど、カルチャー教室や講演会と、いろいろ勧めてみましたが、いっこうにやる気なし。

そんな時、ブリッチの仲間から、男の料理教室が楽しくて二か所に行っているという話を聞いたのです。

これだ！

タイミングよく、市政だよりに募集の記事があったので、恐る恐る話してみると、行ってみようかと言うではありませんか。こちらが、びっくりしましたが、この一言が、我が家の生活を一変させました。

料理教室の初日、夫は、上機嫌で帰ってきました。

「楽しかったぁ」

作った料理をいただきながら、大勢の皆さんと話しができたのがよっぽど楽しかったのでしょう。今までに見たこともないような笑顔でした。以来、月一度の料理教室を心待ちにしているようです。よく、レシピを眺めています。

料理の先輩の方に勧められて、校区の校庭開放にかかわるボランティアのお話をいただきました。私は、迷惑をかけることになりはしないか、心配でした。と言うのは、夫は四季折々に風邪をひく人なのです。風邪にかんしては流行をいち早く取り入れる新しもの好きで、流行の最盛期はもちろん、下火になっても、風邪の引き直しをするほどなのです。もともと、医者に行くのが嫌いで、こじらせないと病院に行きません。一度は、あの世に、片足を踏みこんだこともあったほど。ところが、これが校庭開放のボランティアに行きだしたら、早めに用心するようになったのか、ありがたいことに風邪知らず。まったくの心配無用でした。

去年は逆に私のほうが、一か月も入院するしまつ。少し身動きが不自由になり、この先の生活はどうなるのだろうと不安にゆれる昨今なのですが、夫は、嫌がらずめんどうがらず、料理、掃除、買い物と、よくしてくれています。男の料理教室で教わった、調理方法、味付け、買い物の仕方など、とっても役にたっていて、私は、感謝の気持ちでいっぱいです。江上和子先生、ありがとうございます。

夫は、先生に褒められるのが、嬉しくて、子どもの頃に褒められた頃を、思い出すみたいで、励みになっているようです。これからも、いろいろなレシピと、お叱りをお願いいたします。そして、家での復習を勧めていただけたら嬉しいです。

二年前に、会員の家族会に招待していただいた時の料理の数々、いまでもはっきりと覚えています。和やかな雰囲気でとっても楽しかったです。いつまでも、笑いの絶えない、楽しい教室が続きますよう願っています。それと、おまけの、おみやげも待っています。

江上先生と男の料理教室に感謝。

皆さまこれからもよろしくお願いいたします。

「そうめん流し」の残りで打ち上げ会　右から二人目が宮崎さん

そば打ち同好会から始まった男の料理教室

定年紳士たちの〝男の料理教室〟は、もともと商店街と地域の有志で始めた〝そば打ち同好会〟が最初でした。十年以上前の平成十三年のことですが、その後、講師の方が辞められ、仲間うちで一番技倆の傑出していた石橋洋一さんが先生となって今に続いているのです。

その石橋さんのそばは、専門店にまけない美味しさでした。けれど、毎月ざるそばか、かけそばだと、どうしてもマンネリぎみになりがちです。

そこで、少しそばの変わった食べ方を――というメンバーの希望が大きくなり、私に声がかかったという次第。こうして男の料理教室が始まったのです。

打ったそばを使って料理をするのですが、待ち時間がけっこう長い。中には生地同士くっついて四苦八苦することもありますが、それを皆が手助けしたり、切り方も細いのあり、うどんみたいに太いのあり。やりながら、皆楽しそうにしゃべり、笑い、それでも真剣そのものです。

生そばができると、まず奥さんへのお土産にそばをねじらないように（ねじると切れやすい）容器に分け、残りをゆで

そば打ち講習中の石橋洋一さん

ざるそば

箸置きは宮﨑隆慶さん作、貝殻の亀

て講師の作っためんつゆ（返し）でいただき、そこへそば料理が一点加わって乾杯！　というわけです。

教室は月一回・第四土曜日の四～七時まで。奇数月がそば打ちとそば料理一点。偶数月が料理のみ三～四点の講習となっています。

そばの料理は、和風の手巻きそばや肉そばに始まって、タイ風そば、中華の五目あんかけそば、冷麺と作りましたが、レパートリーの乏しさから、似たり寄ったりのメニューになるのではおもしろくありません。酒好きの人が多いので自然に酒に合う料理を教えたくもなります。

でも、やっちゃきになって料理を教えたり学んだりしたのでは、このそば打ち会の和気あいあいとした温かい雰囲気がそこなわれてしまいます。楽しいコミュニティの活動に参加しているつもりで、そば料理を研究し、また料理の月は料理に専念することが大事で、それが私と会員の皆さんの共通の思いになりました。

では、さっそくそば打ちの実際を覗いてみましょう。

1　粉に水を差す

二八そば＝そば粉400g小麦粉100gをまず100回くらいよく混ぜる。

差し水は4回に分けて。最初120cc、次が60cc、また30cc、最後は30ccを柔らかさを見ながら調整して加える。

全体に水がまわると、握ると粉は自然にまとまる。白い部分がなければ水がまわった証拠。

2　生地をよく練ってまとめる

まとめた生地を両手のひらで押しこむように、生地をまわしながら練ると、菊の花のようになる（菊ねり）。

100回くらい練ると生地がしっとりツヤよくなるので、両手で円錐形にして立てる。

円錐形の先（ヘソ）は空気孔になる。このそば玉を真上から手のひらでまず平らにつぶす。

二八そば（4〜5人分）を作ります

そば粉400g、小麦粉100g、水240cc、打ち粉（最も粒子の細かいそば粉）適量を用意します。そば粉八に対し小麦粉二の割合なので、二八そばと言います。ボウルにそば粉と小麦粉を入れたら、指先で、への字を書くように、左右に動かして100回ほどよく混ぜます。

水は一度に入れないでください

粉が混ざったら差し水（水を加える）をします。120ccをまわし入れ、粉をかぶせるようにして指先で水が均一になるまで混ぜ、次の60ccを差して混ぜ、

3　生地をのばす

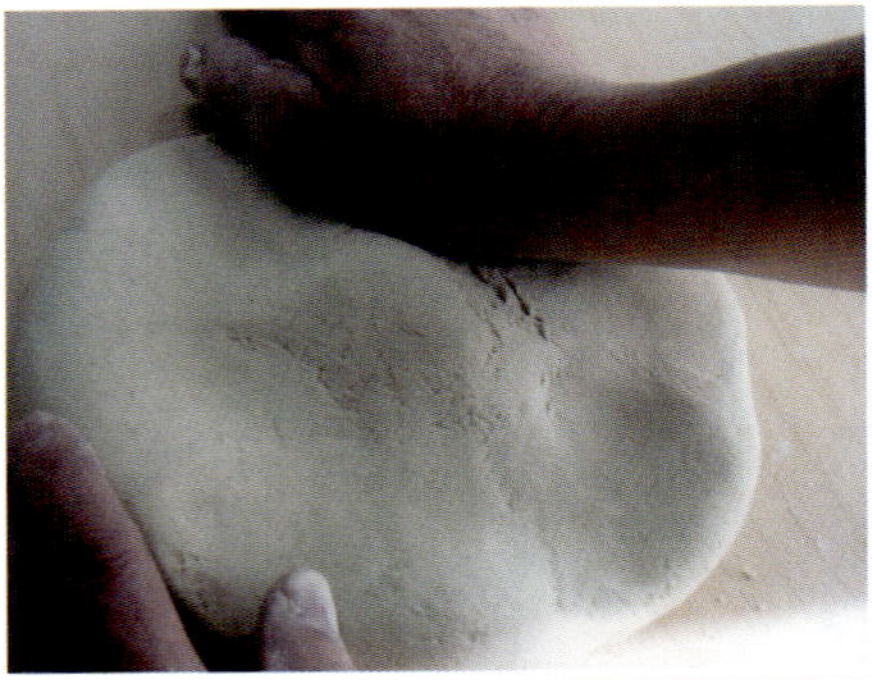

台に打ち粉をふり、生地にも打ち粉をふって、まわしながらある程度の大きさまで押しつぶす。

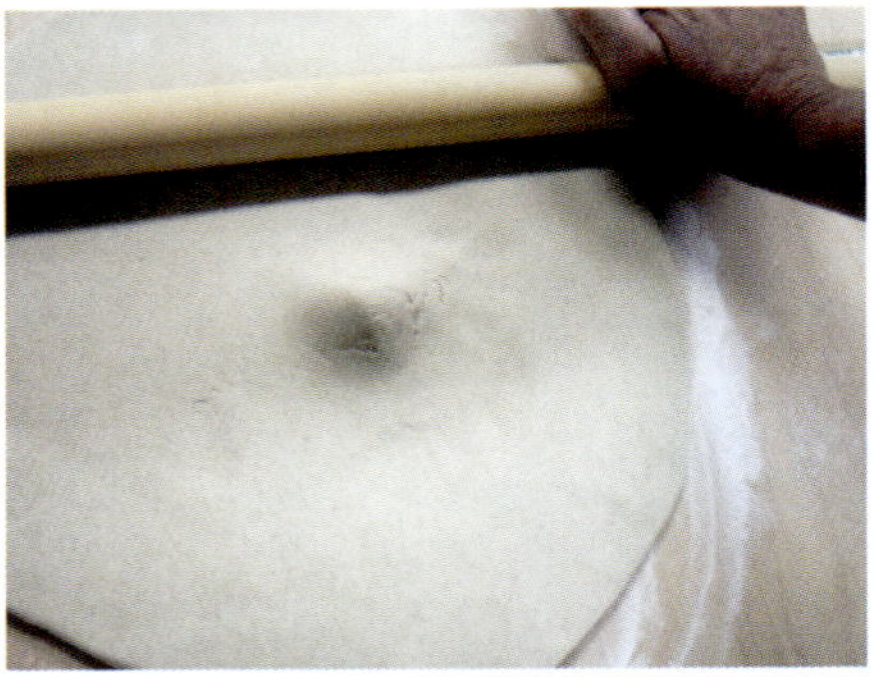

中央のヘソ（空気孔）を残し、めん棒で均一に力を入れ外へ外へとのばし、中央のヘソは最後につぶす。

中央の生地に縦に打ち粉を均一にふり、手前からめん棒に巻きとりながら奥に転がす。

4　めん棒で生地をのばす

次に90度回転させてめん棒に巻き取り、力を入れて転がし、同じ動作をくりかえす。

打ち粉がたりなかったり、ふり方がムラになると生地がくっついて破れるのでご用心。

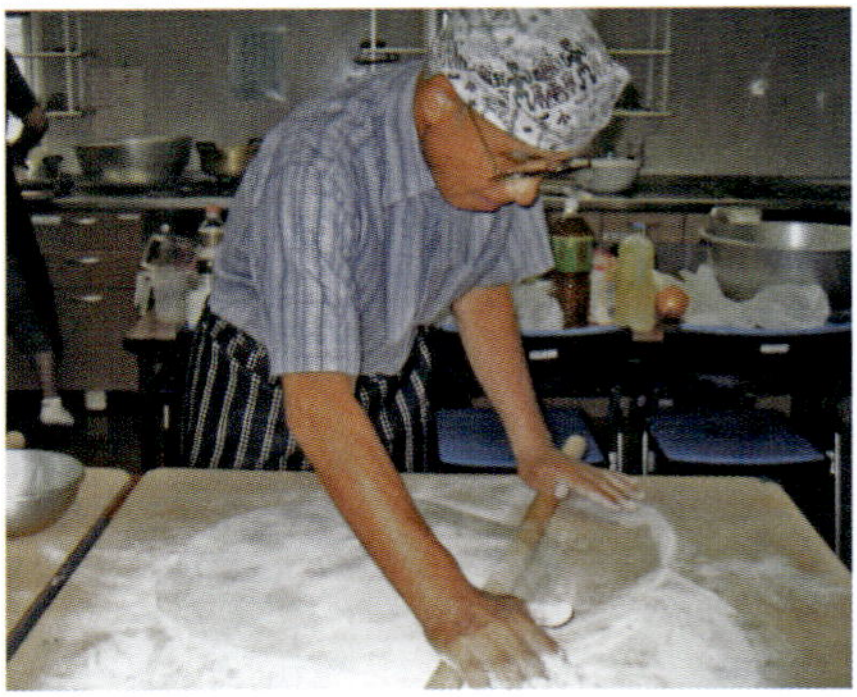

左右の辺の部分の厚みを角に向かって転がす。角はすでに薄くなっているのでのばさない。

次に30ccを差し、最後の30ccは握ってまとまるまで手のひらに受けながら調整して加えます。

生地にツヤが出るまでもむ

生地を一つの玉にまとめ、台におき、手のひらで押し込むように練り込みます。倒したそば玉の上半分を手前側に折り込んだら、玉を回して同じようにリズミカルに折ります。折り目がちょうど菊の花のようになるので菊ねりと言います。生地にツヤが出るまでもみます。

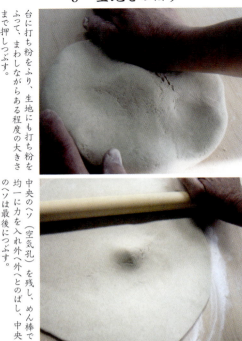

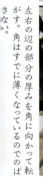

めん棒で均一にのばす

円錐形にまとめたそば玉を真上から押しつぶし、中央をヘソのように残して、周囲をさらに手で押しつぶします。それをめ

5　折りたたんで切る

生地全体に打ち粉をふり、めん棒に巻き、前後二つに折って横にし、両端をおがみ合わせに折る。

まな板にたっぷり打ち粉をふり、折った生地をのせ、駒板を軽くのせ、定規にして細く切り続ける。

切ったそばを片手で持ち、余分な打ち粉をふり落とし、ねじれないよう容器に入れる。

6　ゆでて水洗いする

鍋にたっぷりの湯を沸騰させ、そばを少しずつパラパラ全体に落とし入れる。一度に入れないこと。

ゆでる時間は強火で40秒ほど。ゆで加減をたしかめて、よければ一気にザルですくって冷水へ。

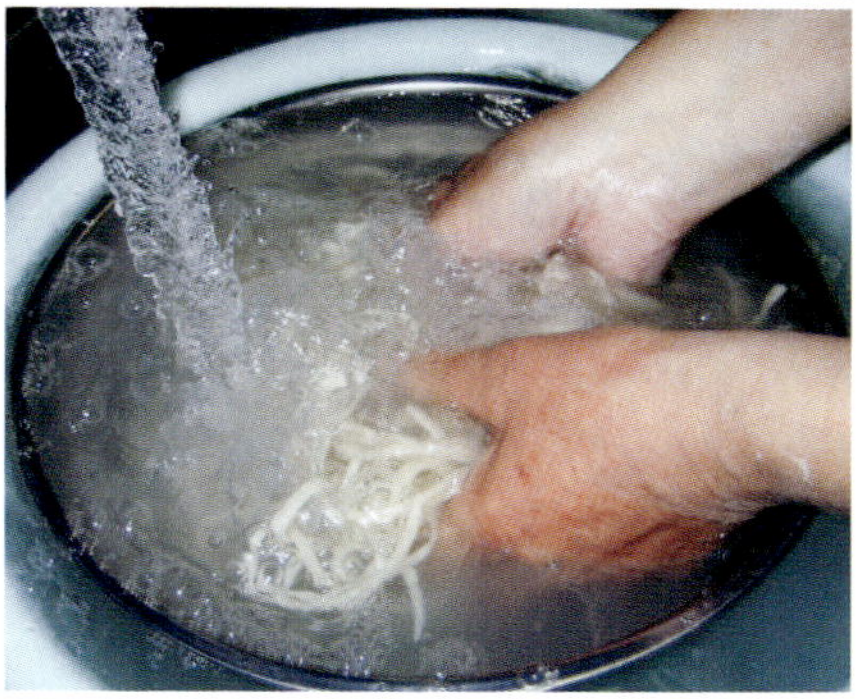

水にとったらすぐ水をかえ、流水にさらしながら、ぬめりを充分にとって水けをよくきる。

ん棒を押しつけるようにして、大きな円形になるよう、回転させながらのばし、くっつかないよう、打ち粉を均一にふってめん棒に巻きとります。

くっつかないように打ち粉を

生地同士がくっつかないよう、打ち粉は多めに振り、めん棒に巻きとります。手前の端を奥に二つ折りし、打ち粉をふって、左右をおがみ合わせに、少し折れ目をずらして二つに折ります。駒板を定規がわりにあて、包丁で1・5㎜くらいの細さに切ります。

たっぷりの湯で40秒ゆでる

ゆでる湯はたっぷりにし、40

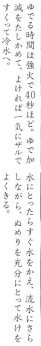

そばのつけづゆとかけづゆの作り方

①水5カップ強にほこりを拭いただし昆布40〜50cmをつけて30〜40分おき、中火にかける。

②煮立つ直前に昆布をとり出し、煮立ったら削りがつお20gを入れ、弱火で3〜4分煮出す。

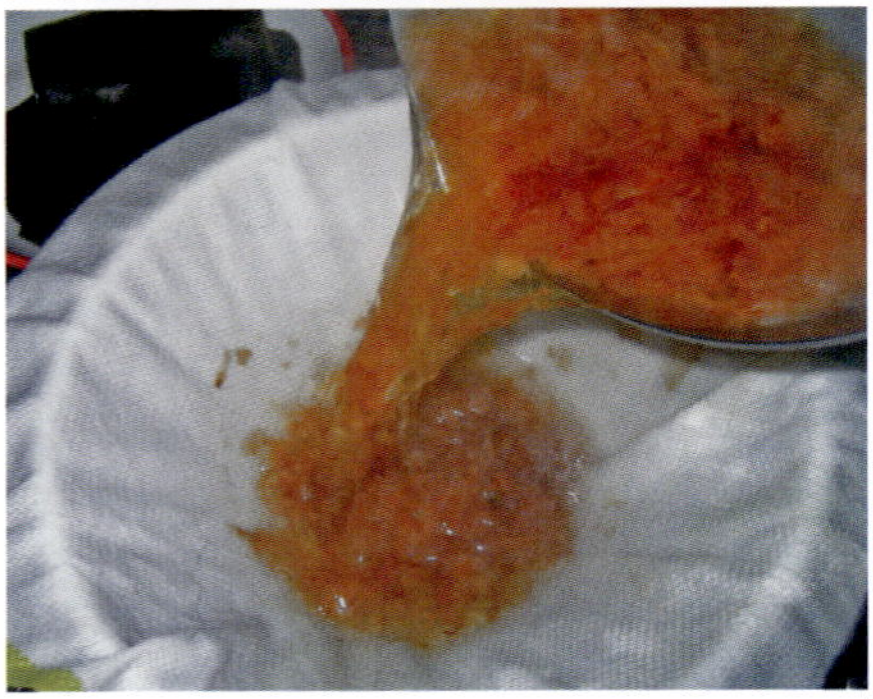

③火を止めて、かつおが沈んだらキッチンペーパーを広げたザルでそーっとこしとる。

④みりん1/5カップを中火にかけ、鍋を前後に傾けて煮切り、しょうゆ1カップ、砂糖36gを加える。

⑤④に③のだし汁も加え、煮立ったら火からおろして冷ましてでき上がり。（〝かえし〟とも言う）

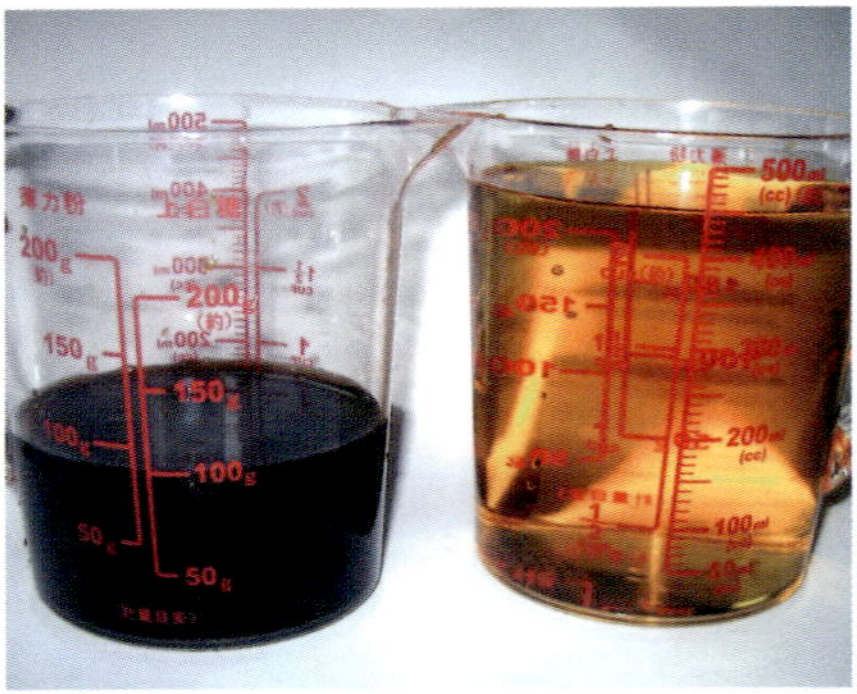

⑥そのつけづゆ（返し）1に対し、だし汁3〜4の割合で合わせると標準味の汁そば用のかけづゆに。

作ったそばつゆは、空き容器に入れて冷蔵庫で一週間ほど寝かせると、角のとれたおいしいそばつゆになる

秒くらいゆでたらすぐ冷水にとって、そばの持つ余熱とぬめりを軽く擦り合わせるように流水で洗い、その後冷水につけてよくしめる。ザルで水けをきってできあがりです。

切ったそば、または切れ端を中温の油で

とても簡単で作りやすいおなじみのメニュー

肉そば

材料（2人分）

ゆでそば2玉

ⓐ（牛肉150g、しょうゆ大さじ2、酒、みりん各大さじ1）、ねぎ½本

ⓑかけづゆ（だし汁2½カップ、しょうゆ、みりん各¼カップ）、七味とうがらし

作り方

①牛薄切り肉は、食べやすい大きさに切り、油少々で色が変わるまで炒め、しょうゆ、酒、みりんを入れて煮からめ、最後にねぎの斜め切りを入れてひと煮する。

②ゆでたてのそばを丼に入れ、煮立てたかけづゆをかけ、①の牛肉とねぎをのせ、好みで七味とうがらしをふる。

ナンプラ味の甘酸っぱくさっぱりした
タイ風そばのサラダ

材料（4人分）

ゆでそば2玉（450g）、豚ひき肉100g、サラダ油大さじ1、にんにくみじん大さじ1、サラダ油大さじ2、玉ねぎ中½個、いかの胴200g、小ねぎのみじん切り大さじ2

ⓐ（赤とうがらし輪切り1本、レモン汁1個分、ナンプラーまたは薄口しょうゆ大さじ2½、砂糖小さじ½）、コリアンダー2本

いかは包丁を斜めにして切り離さないよう斜め格子の切れ目を入れ、一口大に切る

作り方

①にんにくのみじん切りをサラダ油大さじ2でサッと炒め、ゆでたそばにかけて混ぜる。

②玉ねぎはスライスにしてⓐの調味料と混ぜる。

③豚ひき肉はサラダ油大さじ1でポロポロに炒める。

④いかは、斜め格子の浅い切れ目を入れ、一口大に切ってサッと熱湯を通し、切れ目がクルッと開いたら水にとって、水けを絞る。

⑤ボウルに①～④を合わせて小ねぎのみじん切りを散らして器に盛り、ちぎったコリアンダーを散らす。

東北の素朴なみそ味が美味しい

そばかつけ

①にんにくみそは小鉢に大さじ2くらいずつ入れ、薬味の刻みねぎも用意

②そばかつけを鍋に入れたら30～40秒くらい煮て、にんにくみそでいただく

料理教室試食会

材料（5～6人分）

延ばしたそば生地50㎝角、白菜700g～1kg、絹ごし豆腐1丁、だし汁4～5カップ

ⓐにんにくみそ（にんにく1球、田舎みそ250g、砂糖大さじ3、だしの素大さじ1、酒½カップ）

作り方

①延ばしたそば（92ページ参照）生地は、10㎝×10㎝角にして斜め二つに切って三角形にする。

②白菜は洗って3～4㎝のざく切りにして土鍋に入れ、たっぷりのだし汁を入れて蓋をし、柔らかく煮ておく。

③豆腐は食べやすい大きさに切っておく。

④にんにく1玉は皮をむいてすりおろし、みそ、砂糖、酒、だしの素を混ぜる。

⑤②の鍋を火にかけ、①③を入れて煮、④のにんにくみそをつけていただく。

※巻き寿司、冷麺、揚げめんの五目あんかけなどの、すし飯やめんの代わりに、そばを使っても美味しいですよ。

大根にしみとおったぶりのこっくりとした味わい

ぶり大根

材料（4人分）

ぶりのアラ400～500g、しょうが1かけ、大根500～600g

ⓐ（砂糖大さじ4、しょうゆ大さじ5、酒大さじ3）水3½カップ

作り方

①ぶりのアラは、5～6㎝角に切り熱湯を回しかけてよく洗い、生臭みをとる。しょうがは薄切りに。

②大きめの鍋に、水3½カップとⓐの調味料を煮立てて①を入れ、落としぶたをして中火で煮る。

③大根は、2㎝厚さの半月切りにし、米のとぎ汁で10分ゆでるか、ポリ袋に入れて500wの電子レンジに9～10分かける。

④②の味をみてアラによく味がしみたら取り出し、大根を入れ、味と汁が足りないようなら追加して味がしみるまで煮て盛り合わせる。

①ぶりのあらは5～6㎝角に切り、熱湯を回しかけて生臭みをとる

②煮汁の中に入れ、中火で落としぶたをし、煮汁が1／3くらいになったら取り出す

③煮汁に、電子レンジで加熱した半月切りの大根を入れて煮る

卵にはさまれたパリッとしたいわしが美味しい、一味変わったスペイン風料理

いわしのスパニシュオムレツ

①いわしは三枚におろし、縦二つに切り、塩、コショウ、酒、おろしにんにく、パプリカを

②フライパンに多めの油を熱し、いわしを並べ、中火でこんがりと焼く

③卵の¾を半熟状にし、②のいわしを並べ、残り¼の卵を流しかけて焼く

材料（4人分）

いわし大2〜3尾、オリーブ油大さじ3、パセリ1枝、卵5個

ⓐ（牛乳大さじ2、塩小さじ⅓、コショウ少々、砂糖大さじ½）

ⓑ（塩・コショウ各少々、酒かワイン大さじ1、にんにく大1粒、パプリカ少々）

作り方

①いわしは、三枚におろして縦二つに切り、ⓑの調味料をふりかけ、両面こんがりと焼いておく。

②卵を割りほぐし、ⓐを混ぜる。

③フライパンに、オリーブ油を熱し、②の卵の¾量を流し、手早く箸でかき混ぜ、半熟になったら上に①のいわしを並べ、②の残り¼量の卵を回しかけ、ぴったり蓋をして、ごく弱火で1分弱焼き、パセリみじんを。

※いわしやさばは、血流をサラサラにするDHA（ドコサヘキサエン酸）やEPA（エイコサペンタエン酸）が多く含まれていて、成人の方にお薦め。

手っとり早く作れていかの香ばしさがきわだつ

いかのつけ焼き

材料（2人分）

いか小2はい（300g～350g）、油大さじ2
ⓐ（しょうゆ大さじ1、酒大さじ1、みりん小さじ1、しょうが汁小さじ1）
付け合わせ（ピーマンや青菜なら何でもよい ½わ、油大さじ1～2、塩・コショウ各少々）

作り方

①いかの鮮度がよければ皮つきで、少し皮がむけていたら全体をむき、足、中骨を抜いてよく洗う。
②ぬいた足は、くちばしと目を除いて、二つに切る。
③胴は食べやすいように、両面に浅い切れ目を細かく入れる。
④いかの胴と足を、ⓐの調味料に10分ほどつけて返し、油を熱したフライパンに入れ、木ぶたで強く押さえて2分ほど中火で焼き、返して両面こんがり焼く。
⑤ピーマンか青菜をゆでて4～5㎝に切り、サッと油で炒め、塩・コショウをふって、いかに添える。

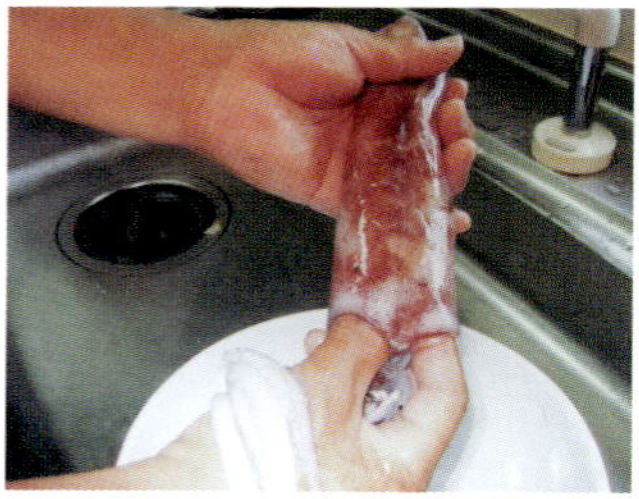

①鮮度のよいいかの足を抜き、中をよく洗う。足は2つくらいに切る

②下味をつけたいかを、熱したフライパンに並べ、中火で焼く

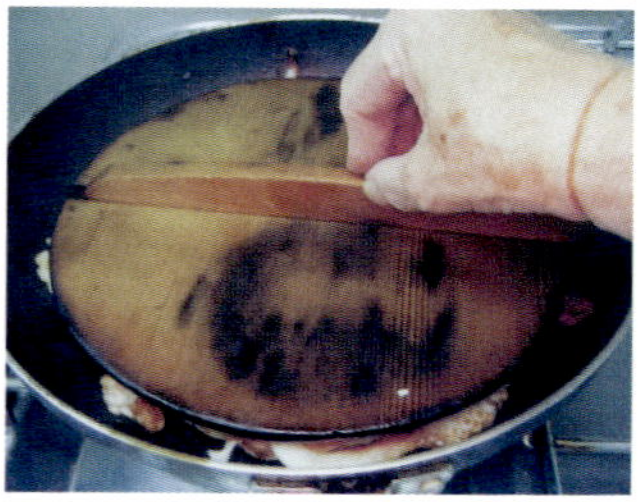

③ふくらんできたら木蓋などでギュッとおさえ、1分焼いてひっくり返し、1分焼く

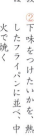

青魚にはみそ味が相性バツグン

さばのみそ煮

①さばは頭を落として腹の中までよく洗い、三枚おろしにして2～3つに切る

②底の平らな鍋かフライパンに調味料を合わせて、煮立ってきたら並べ入れる

③魚と付け合わせを盛ったら、器についた煮汁をふき取る

材料（4人分）

さば中1尾、ねぎ2本、春菊1わ、しょうが1かけ
ⓐ調味料（みそ大さじ4、砂糖大さじ2、酒¼カップ、水またはだし汁1カップ）、しょうゆ大さじ1

作り方

①さばは、頭を落とし、ワタを抜いて、サッと洗い、三枚おろしにして2～3つに切る。
②しょうがは薄切り、ねぎは4㎝長さに切る。
③底が平らな鍋に、ⓐの調味料を入れて、みそが溶けるまで混ぜて、火にかける。
④煮立ってきたら、さばを入れ、しょうがも散らし、アルミ箔で落としぶたをして中火で煮る。
⑤くっつかないように、時々鍋を揺すり、スプーンで煮汁をかけながら、煮汁がトロッとなったら、しょうゆを回しかけてひと煮する。
⑥さばを片端に寄せ、ねぎと5cmに切った春菊を入れてしんなりするくらいに煮て、盛り合わせる。

魚に野菜のうまみがしみ込んだ地中海風南蛮づけ

魚のエスカベーシュ

材料（4人分）

さば1尾（三枚おろし）、塩・コショウ各少々、小麦粉適宜、油大さじ3〜4、パセリ1枝

野菜はその時あるもの400g（にんじん、セロリ、キュウリ、トマト、玉ねぎ、パプリカなど少しずつ各種）

ドレッシング（塩小さじ1強、コショウ少々、オリーブ油大さじ3、酢大さじ2½）

作り方

①さば（いわし、あじ、さんまでも）は三枚おろしにして、塩・コショウをふって、小麦粉をまぶし、多めの油で両面をこんがりと焼き、少し深みのある器に並べる。

②野菜はすべて粗みじんか、細かいせん切りにする。

③②の野菜をドレッシングであえ、味がなじんでしんなりしたら、①の魚の上に平らにのせ、魚に野菜の味がしみるまで置き、パセリをところどころに飾る。

※スペインからフランスへ伝わった揚げた魚を長もちさせるために工夫された古い料理。特に青魚に適し、野菜が充分とれ、ビールにもよく合う。

①青魚なら何でもよい。三枚におろし、一口大に切って小麦粉をつけて油で焼く

②なるべく平らになるように器に並べると、野菜の味がよくしみる

③野菜はすべてみじん切りにしてドレッシングであえ、②の魚にかける

子どもから大人まで万人好みの一品

肉だんごの甘酢あん

①ひき肉に水切りした豆腐、れんこん、他の材料を加え、よく混ぜる

②①の生地を梅の実大に丸め、低めの揚げ油に入れ、徐々に温度を上げてカラッと揚げる

③甘酢あんの調味料をとろりと煮、揚げた肉だんごを入れてからめる

材料（4人分）

肉だんご（豚ひき肉200g、れんこん70g、水きりした豆腐⅓丁、しょうが少々、塩小さじ½、酒小さじ2、コショウ少々、卵½個分、片栗粉大さじ2）、揚げ油

甘酢あん（砂糖、酢、ケチャップ各大さじ3、しょうゆ小さじ1、塩小さじ⅓、水大さじ3、水溶き片栗粉大さじ1½）、サラダ油大さじ1、グリンピース大さじ2

作り方

①肉だんごの材料全部（れんこんはすりおろす）をフードプロセッサーにかけ、梅の実大に丸める。

②低温（150度）の油に肉だんごを入れ、混ぜながら徐々に温度を上げ（180度）、色よく揚げる。

③中華鍋に油大さじ1を熱し、甘酢あんの材料を入れて混ぜ、とろりとしてきたら②の肉だんごを入れ、あんを手早くからめる。

④キーウィの薄切りなどを敷いて盛り、ゆでたグリーンピースを散らす。

あるもので手っとり早く作れるおなじみの中華料理

麻婆豆腐《マーボートウフ》

材料（4人分）

豚ひき肉150g、ねぎのみじん切り⅓本、油大さじ2、豆板醤小さじ1、豆腐1½丁、粉山椒少々

ⓐ（赤みそ大さじ2、しょうゆ大さじ1、砂糖大さじ1、酒大さじ2、スープまたは水⅘カップ）、水溶き片栗粉少々

作り方

①中華鍋に油を熱して、ひき肉と豆板醤を入れ、中火でポロポロになるまで炒めⓐの調味料を入れる。

②①が煮立ってきたら、豆腐を1．5㎝角くらいに切って入れ、鍋を揺すりながら豆腐の角がふくらんでくるまで煮る（3～4分）。

③豆腐にまんべんなく味がなじんだら、水溶き片栗粉でとろみをつけ、好みで粉山椒をふって器に入れ、ねぎのみじん切りを散らす。

※本格的に作る時は、豆豉《トウチイ》と甜麵醬《テンメンジャン》を使う。

①油でひき肉と豆板醤をポロポロに炒め、赤みそ、砂糖、酒、しょうゆを入れる

②①にスープ、なければ水を回し入れ、中火にして煮立つのを待つ

③②へさいの目切りの豆腐を入れ、鍋を揺すり3～4分煮、とろみをつける

煮込んだ肉と大根がとろけるように口の中にひろがる
牛すじの煮込み

①牛すじ肉は下ゆでして、たっぷりの水を入れ、アクをとりながら1時間煮る

②乱切りの大根をレンジにかけて①に入れ、鍋返しをしながら中火で煮込む

材料（5〜6人分）

牛すじ肉1kg、大根700g、にんにく大3粒、とうがらし2本

ⓐ（コチュジャン大さじ1、しょうゆ大さじ4、おろしにんにく小さじ1、砂糖、酒各大さじ2）

作り方

①牛すじ肉は、3〜4㎝のぶつ切りにし、さっとゆでて洗い、アクと脂を除く。

②深鍋に①と水3ℓを入れ、中火で1時間ほど煮る。

③大根は大きめの乱切りにして、ポリ袋に入れ500wの電子レンジに14分かける。

④②に③の大根、にんにく、ⓐの調味料、とうがらしをちぎって入れ、30〜40分中火の弱で煮込む。

⑤煮汁ごと鉢に盛るか、土鍋でクツクツ煮ながらいただく。

牛肉の美味しさをひきたてるピーマンとたけのこの歯ごたえ

牛肉とピーマンの細切り炒め（青椒肉絲《チンジャオロウスウ》）

材料（4人分）

牛肉200g、ピーマン4〜5個、たけのこ70g、ねぎ½本、卵½個、片栗粉大さじ1、油大さじ1
ⓐ（塩小さじ½、酒小さじ2、コショウ少々）
ⓑ（しょうゆ大さじ2、砂糖小さじ1、酒大さじ1、スープ大さじ2、水溶き片栗粉大さじ⅔）、揚げ油、油大さじ1

作り方

①牛肉をせん切りにしてⓐの調味料をもみこんで、卵、片栗粉、油もよく混ぜる。
②ピーマンは種を取って、縦に細く切る。
③たけのこも縦にせん切り。ねぎは斜め切り。
④揚げ油を150度の低温に熱し、たけのこ、次に①の牛肉を入れて手早くほぐし、網ですくって油をきる。
⑤中華鍋に油を入れてよく回し、ねぎとピーマンをさっと炒め、油通しした④の牛肉とたけのこも混ぜ、調味料ⓑを回し入れ、手早くかき混ぜて器に盛る。

①ピーマンは縦二つに割り、種をとって押しつぶし、せん切りにする

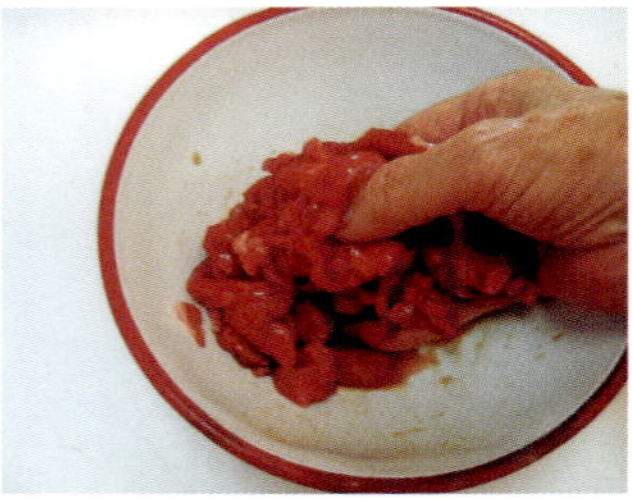

②牛肉もせん切りにし、ⓐで下味をつけ、卵、片栗粉、油を混ぜ、油通しする。

③油でねぎとピーマンをさっと炒め、②の牛肉とたけのことⓑを入れて混ぜる

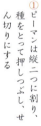

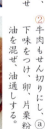

揚げた豚肉を柚子のフルーティな風味で

柚子豚

①ゆずの皮はごく薄く切って、ⓐの合わせ調味料に混ぜる

②豚肉は食べやすく切って塩、コショウ、片栗粉をつけてカリッと揚げる

③揚げた肉が熱いうちに、ゆずの合わせ調味料に加えてよく混ぜてからめる

井田修二さん

材料（4人分）

豚薄切り肉300g、柚子大1個、酒大さじ1、片栗粉適宜、レタス3枚，揚げ油

ⓐ（酢大さじ6、だし汁大さじ4、砂糖大さじ2½、しょうゆ大さじ2、赤唐辛子1本）

作り方

①豚肉は食べやすい大きさに切り、酒をもみこみ、1枚ずつ広げて片栗粉をまぶす。

②中温（170度）の揚げ油に、①の肉を広げながら入れ、カラッと揚げる。

③ⓐの調味料をボウルに合わせる。

④柚子は半分に切って、果汁はⓐに混ぜ、皮もごく薄く切ってⓐに加える。

⑤豚肉を、揚げて熱いうちに④に入れて混ぜ、調味料を吸い込ませる。

⑥食べやすくちぎったレタスを皿に敷いて⑤を盛る。酒の肴、弁当によく合う。

噛みしめる肉の味に感動する、これぞ牛肉！

ローストビーフ

材料（4～5人分）

牛ロース塊600g、塩、コショウ各少々

ⓐ（玉ねぎ、にんじん、セロリ各150g）、サラダ油大さじ3

ソース（焼き野菜と焼き汁全部、赤ワイン1カップ、スープの素1個、ウスターソース大さじ1、塩、コショウ各少々、ブールマニエ大さじ1）、つけ合わせ野菜適宜

作り方

①ⓐの野菜は薄切りにして、天板に敷いておく。

②牛肉に塩、コショウをすり込み、タコ糸で巻いて①にのせ、サラダ油をかけて200度の天火中段に入れる。

③15分焼いたら裏返して15分焼く。竹串を刺してみて温かければ良い焼き加減。血液が出るようならもう5~6分焼く。タコ糸をはずして好みの薄切りにする。

④ソースの材料を鍋に入れ、中火で少し煮詰めてこし、とろりとしたグレイビーソースを作る。

⑤ポテトのバター焼き、にんじんの甘煮などを添える。

①牛肉はたこ糸で巻き、刻み野菜の上にのせてサラダ油をかけて200度の天火に

②オーブンの焼き汁と下に敷いた野菜をこして煮つめ、グレービーソースを作る

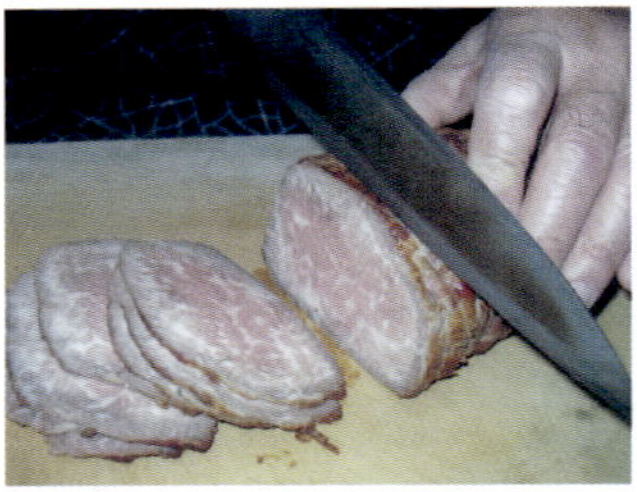

③牛肉のたこ糸をはずし、おしつけないようにして好みの厚さに切る

だれの口にも合う中華料理の定番

酢豚

①豚肉は一口大に切り、下味をもみ込み、ころもをつけて中温の油で揚げる

②野菜は一口大に切り、にんじんはゆで、他の野菜とサッと油通しする

③鍋に甘酢あんの材料を入れ、とろみがついたら肉と野菜を入れてからめる

材料（4人分）

豚肩ロース肉200g、ⓐ（塩小さじ¼、酒小さじ1、コショウ少々、片栗粉小さじ1）、玉ねぎ80g、ゆでたけのこ、にんじん各60g、生しいたけ、ピーマン各2個、パイナップル2枚、ころも（卵½個、水大さじ1½、小麦粉大さじ5、片栗粉大さじ1½）、揚げ油、油大さじ1、甘酢あん（砂糖、酢、ケチャップ各大さじ3、しょうゆ小さじ1、酒大さじ1、塩小さじ⅓、水大さじ2、水溶き片栗粉大さじ1½）

作り方

①豚肉は一口大に切ってⓐで下味をつける。

②野菜とパイナップルは一口大に切り、にんじんはサッとゆでておく。

③ころもを合わせて①にからめ、中温の油でカラッと揚げ、パイン以外の野菜もざっと油通しする。

④中華鍋に油を熱し、甘酢あんの調味料を入れてとろみをつけたら、③とパイナップルも入れてからめる。

揚げたてのシャリッとした食感に満足！ とんカツ

材料（4人分）

豚ロース（1㎝厚さ）4枚、塩、コショウ各少々、揚げ油、小麦粉適宜
ころも（卵1個、小麦粉と水各大さじ1、生パン粉適宜）
つけ合わせ（キャベツ2枚、トマト1個、パセリ2枝）
ソース（しょうゆ、酒、ケチャップ各大さじ1、中濃ソース大さじ3）

作り方

①肉はすじ切りをして包丁の背で平らに叩き、両面に塩、コショウを軽くふり、小麦粉をつける。
②ころもの卵をほぐして小麦粉と水を混ぜ、①の肉を入れてよくからめ、生パン粉をむらなくつける。
③揚げ油を中温（170度）にして②を入れ、4〜5分揚げ、油温を180度にしてカラッと揚げる。
④つけ合わせは、せん切りキャベツとトマトのくし型切り、彩りにパセリをあしらう。
⑤いただく時混ぜ合わせたソースをかける。

①豚肉はところどころ（脂肪と赤身のところ）筋切りをすると縮まない

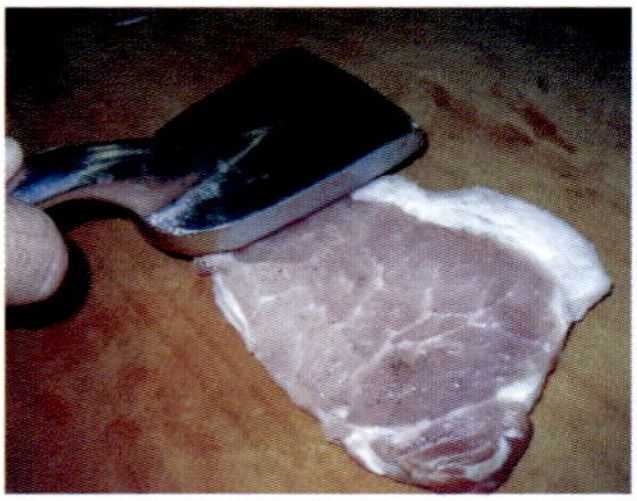

②肉叩きか包丁の背で全体を均一に叩いて肉を軟らかくし、塩、コショウを

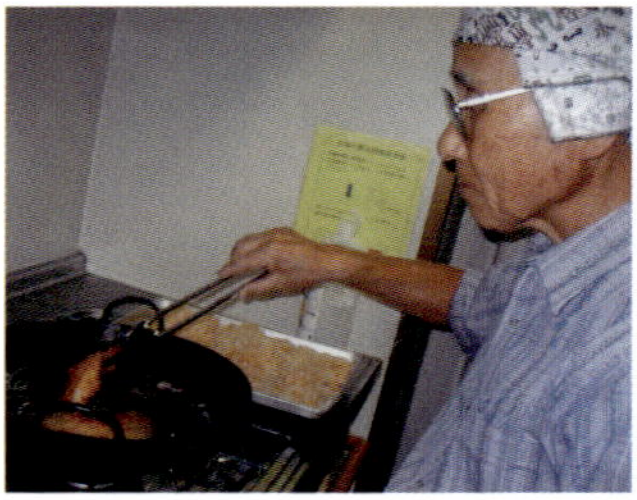

③小麦粉、溶き卵、生パン粉をつけ、中温の油で返しながら4〜5分揚げる

宮﨑隆慶さん

外はカリッ、なかの肉はジュワッと、ほおばる喜び

とりの唐揚げ

①とり肉は一口大に切り下味をもみ込み、20分おいて溶き卵を加える

②片栗粉を入れて一切れずつ手でまんべんなくからめる

③中温の油に4〜5切れずつ入れ、浮いてきたら高温にしてカラッと揚げる

材料（4人分）

とりもも肉400g、溶き卵½個、片栗粉大さじ4、れんこん200g、かぼちゃ200g、揚げ油

ⓐ下味（しょうゆ大さじ1、酒大さじ1、塩小さじ¼、コショウ少々、おろしにんにく1粒）

作り方

①とり肉は一口大に切り、ⓐの下味をよくもみ込む。

②20分くらいおいて、溶き卵を混ぜ、片栗粉も混ぜて、中温（170度）の油に4~5切れずつ入れて揚げ、最後に温度を180度にしてもう一度揚げると、カラッと仕上がる。

③れんこんやかぼちゃなどの季節の野菜を素揚げにしてつけ合わせる。

手早く、やさしく作れて、とり皮のパリッとした美味しさ

とり肉の鍋照り焼き

材料（4人分）

とりもも肉2枚、青じそ1わ、すだち1個、しょうがの甘酢づけ30g

ⓐ（しょうゆ大さじ4、砂糖・みりん各大さじ2、酒大さじ1、しょうが汁小さじ1）、油大さじ1

ⓑ（みりん大さじ1、しょうゆ大さじ½、酒少々）

作り方

①とり肉は、皮目を包丁の先でつつき、味をしみやすくしてⓐの調味料とポリ袋に入れてよくもみこむ。

②フライパンに油を熱し、①の皮目を下にして入れ、鍋を揺すりながら中火で、焼き色がついたらひっくり返して蓋をし、中火の弱で火が通るまで焼く。

③肉に箸が通るようになったら、鍋の脂をキッチンペーパーでふきとり、ⓑをふってツヤよく仕上げる。

④そぎ切りにし、半分には青じそ、半分にはすだちの薄切りを挟んで、しょうがの甘酢づけを添える。

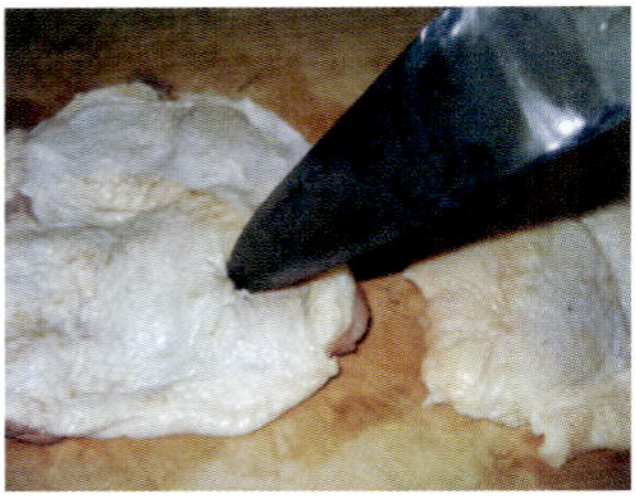

①とり肉は皮目をところどころつつく。特に肉の厚いところをていねいに

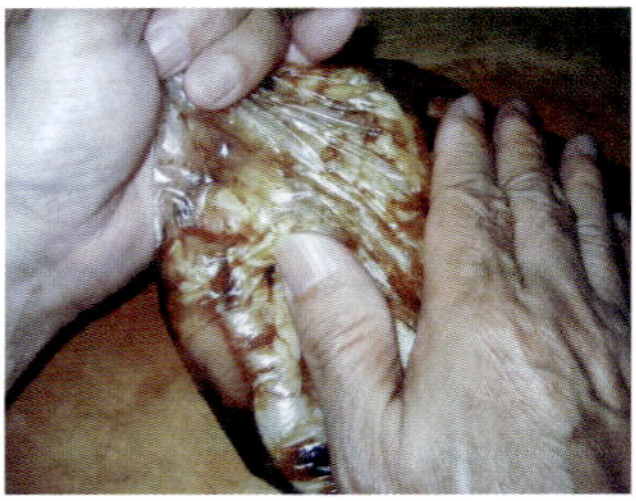

②ポリ袋に入れ、調味料も加えてよくもみ込んでしみ込ませる

③皮のほうから入れて、中火でこんがり焼いてひっくり返して蓋をする

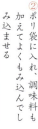

食欲をそそるごまの香りがおなじみの

ゆで鶏のごまソース
(棒棒鶏《バンバンジー》)

①熱湯にねぎとしょうがを加えた中で、とりもも肉を中火で20分ゆでる

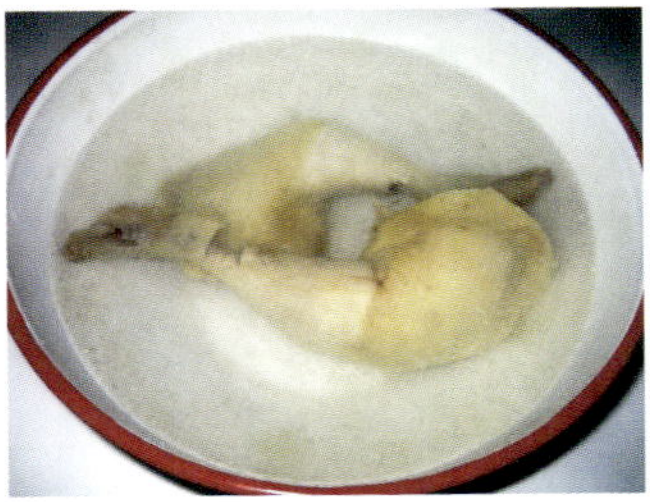

②冷水につけてさますと、しっとり仕上がる。これを細く裂く

③野菜はせん切りにし、塩もみにして絞り、皿に敷いて②のとり肉をのせる

材料（4人分）

とり骨つきもも肉2本、ねぎの青いところ½本、しょうがの皮少々、かぶ小1個、ラディシュ8個、にんじん½本、きゅうり1本、パセリ1枝

ごまソース（練りゴマ大さじ3、しょうゆ大さじ4½、砂糖大さじ1、酢大さじ1、ラー油少々、ねぎみじん切り大さじ3、しょうがみじん切り大さじ1）

作り方

①もも肉が充分かぶる湯をわかし、ねぎとしょうがの皮を入れ、もも肉も入れて中火で20分ゆでる。その後、肉は冷水にとって冷ます。

②肉が冷めたら骨をはずし、細かく裂くかせん切りに。

③かぶ、にんじん、きゅうりはせん切りにし、塩少々でもみ、しんなりしたら絞ってほぐし、皿に敷く。ラディッシュは花切りにして並べる。

④その上に②のゆで鶏を並べてのせパセリを添える。

⑤ごまソースをよく混ぜ、いただく直前にかける。

野菜それぞれがかもし出す美味しさが特長のプロヴァンス料理

ラタトゥイユ

材料（4人分）

なす4本、にんにく3粒、玉ねぎ1個、にんじん中1本、ズッキーニ1本、パプリカ（赤・黄）各1個、ピーマン2個、ねぎ10㎝、トマト（完熟）3個
オリーブ油大さじ3、水1カップ、固形スープの素2個、塩小さじ½、コショウ少々、スナップえんどう10個、ローリエ2枚

作り方

①野菜は全て一口大の乱切りにする。

②鍋にオリーブ油を熱し、つぶしたにんにくと玉ねぎを中火でしんなりするまで炒め、にんじん、ズッキーニ、ねぎ、パプリカ、トマト、なすを入れ、大きく鍋を返し、油がまわったら水と固形スープの素、ローリエを加え、蓋をして中火で時々鍋を返してピーマンも入れて煮る（トマトの水分で煮る）。

③柔らかくなったら、塩、コショウで味を調えて、筋をとったスナップえんどうを入れてひと煮する。

①野菜は一口大に切り、オリーブ油でにんにく、玉ねぎ、にんじんを炒める

②残りの野菜を入れ、全体に油がまわるまで中火で炒める

③固形スープを入れ、水を注ぎ、柔らかくなったら塩、コショウで味を調える

ごぼうの歯ごたえがだれにも好まれるおふくろの味

きんぴらごぼう

①ごぼうは皮をこそげ、5〜6㎝長さの細いせん切りにして水にさらす

②鍋に油を熱してごぼうを炒め、調味料を入れて混ぜながら煮る

③煮汁が少なくなったらにんじんを入れ、ひと煮したらでき上がり

材料（4人分）

ごぼう大1本（400g）、にんじん5㎝、ごま油大さじ1、赤とうがらし1〜2本

ⓐ（水⅔カップ、砂糖大さじ1、しょうゆ大さじ1½、酒大さじ2、だしの素小さじ1）

作り方

①ごぼうは、皮をこそげて4〜5㎝長さのごく細切りにし、たっぷりの水を2〜3回かえてアクをぬく。

②にんじんもせん切り、赤とうがらしは細い輪切りにする。

③ゴマ油を熱し、水きりしたごぼうを炒め、少し色が変わったら、ⓐの調味料と赤とうがらしを入れ、中火の弱で混ぜながら煮る。（お年寄りむきには、ここでよく煮たほうがよい）

④煮汁が少なくなったら、にんじんを混ぜ、箸で煮汁がなくなるまで混ぜてでき上がり。

※れんこんなどでも、同様に作れます。

ごぼうと肉は相性バツグン！　鍋ごとアツアツを食卓に

ごぼうと豚肉の柳川風

材料（4人分）

ごぼう中1本（250～300g）、豚薄切り200g、みつば1わ、卵4個
煮汁（だし汁2½カップ、薄口しょうゆ大さじ3、しょうゆ大さじ3、砂糖大さじ3、酒大さじ3）

作り方

①ごぼうはささがき（ピーラーを使うとうまくゆく）にして水にさらし、5～6分ゆでておく。
②豚薄切り肉は食べやすい大きさに切り、みつばは5㎝長さに切る。
③鍋に煮汁の調味料と①のごぼうを入れて中火にかけ、煮立ってきたら豚肉を広げながら加え、浮いてきたアクを除いて7～8分煮る。
④ごぼうに味がしみたら、みつばを散らし、すぐに溶き卵を回し入れて蓋をし、半熟状でいただく。

①ごぼうはささがきにして水でさらし、たっぷりの水で5～6分下ゆでする

②煮汁を合わせて鍋にごぼうを入れ、豚肉を全体に広げるように入れる

③ごぼうに味がしみて煮汁がヒタヒタになったら、みつばを散らして溶き卵を

大根がおどろくほど濃厚な味に変身する

大根のピーナッツ煮

①だし昆布を敷いて大根を入れ、ⓐの調味料を入れて中火で煮る

②時々鍋返しをしながら煮、煮汁が¼になったらだし昆布を除く

③大根葉も4〜5㎝に切って入れ、ピーナッツペーストを入れ、全体にからませる

材料（4人分）

皮をむいた大根1kg（皮の利用法は次の頁参照）、大根葉少々、昆布10㎝、ピーナッツペースト大さじ2〜3

ⓐ煮汁（だし汁か水2½カップ、しょうゆ大さじ3、酒大さじ2、砂糖大さじ1強）

作り方

①大根は皮をむいて大きめの乱切りに。

②鍋に昆布を敷いて、大根とⓐの煮汁を入れ、蓋をして中火にかけ、時々返しながら煮汁が¼になるまで煮る。

③大根に味がしみたら、刻んだ大根葉を散らし、ピーナッツペースト（甘味のないもの）を小さくちぎって全体に入れ、トロリと溶けたら全体をよく混ぜて、ピーナッツペーストを均一にからませればでき上がり。

おやつによし、おかずとしても食欲を増進。一度食べるとまた食べたくなる
大根餅

材料（25～30個分）

大根の皮や残り250g、干しえび大さじ2、干ししいたけ2個、水1½カップ、ベーコン4枚、ねぎ1本、白玉粉150g、上新粉100g、塩小さじ¼、コショウ少々、ごま油、油各適宜、辛子じょうゆ、ポン酢しょうゆ

作り方

①大根の皮は、みじん切りか細かいせん切りにする。
②干しえびと干ししいたけは、分量の水でもどしてみじん切りに。ベーコン、ねぎも同様にみじん切りに。
③白玉粉をえびとしいたけのもどし汁で溶いて、大根の皮、干しえび、干ししいたけ、ベーコン、ねぎ、上新粉を入れ、塩、コショウをふってこね、梅の実大くらいに丸める。
④フライパンに油とごま油をひいて、③の生地を平べったくして入れ、中火の弱で両面こんがりと焼く。辛子じょうゆ、またはポン酢しょうゆでいただく。

①大根の皮や切れ端はよく洗ってむき、細かくせん切りにする

②干しえび、椎茸、ベーコン、ねぎはみじん切りにし、溶いた粉に混ぜる

③②をピンポン玉大に丸めて平べったくし、フライパンで両面こんがりと焼く

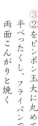

美味しくて簡単。大勢でかこむ冬の鍋料理決定版

白菜鍋

①白菜は鍋に入れ、間に豚肉を詰め込んで、酒と水をふりかける

②薬味のもみじおろしは大根に赤とうがらしを刺しておろし金でおろす

③白菜が柔らかくなったら、もみじおろし、刻みねぎ、ポン酢しょうゆでいただく

（上段）右から宮﨑さん、鶴田さん、曽我部さん

材料（4人分）

白菜中1株、豚バラ薄切り500g、水1カップ、酒大さじ3
もみじおろし（大根15㎝、赤とうがらし2本）、ポン酢しょうゆ、小ねぎみじん切り少々

作り方

①白菜は5～6㎝長さに切って形よく鍋に詰める。
②豚肉も、5～6㎝に切って、白菜の間に詰め、水と酒を注いで強火に。中火にして軟らかくなるまで煮る
③大根に種を抜いた赤とうがらしを刺してすりおろし、もみじおろしを作る。
④煮えたものから、もみじおろしにポン酢と刻みねぎを入れたものでいただく。
※経済的で簡単。いっぱい白菜が食べられ、残ったらみそ汁にするとまたおいしい。

薬味　もみじおろし、みねぎ、ポン酢しょうゆ

とろーりとした白菜の甘みがやさしい

白菜のクリーム煮

材料（4人分）

白菜700g、ロースハム3枚
ⓐ（水1カップ、固形スープの素2個）
ⓑ（バター大さじ2、小麦粉大さじ2）
牛乳2カップ、塩小さじ½、コショウ少々

作り方

①白菜は幅6～7㎜、長さ7㎝の棒切りに。
②フライパンに白菜を広げ、ⓐの水と固形スープを入れてピッタリ蓋をし、中火で10分ほど煮る。
③そこへ牛乳を加え、塩、コショウで味を調えたら、ⓑを練り合わせた（ブールマニエという）ものをちぎり入れてとろみをつける。
④味を見て、最後にハムのせん切りを散らす。

①白菜は洗って幅6～7㎜、長さ7㎝くらいの棒切りにする

②鍋に白菜を入れ、固形スープを加えて水を注ぎ、中火で10分煮る

③柔らかくなったら牛乳、塩、コショウで調味し、ブールマニエでとろみを

作っておくと便利！　食がすすむ常備菜

白菜のピリ辛甘酢づけ

材料（4人分）

白菜の軸600g、塩大さじ1

甘酢（砂糖大さじ2、酢⅓カップ、しょうがのせん切り少々、赤とうがらし2本、ラー油小さじ1、ごま油小さじ1）

作り方

①白菜の軸は、6～7㎜幅、6～7㎝長さの棒切りにし、塩をよく混ぜて重しをし、1時間くらいおいてしなっとなったら絞る。

②ボウルに甘酢の調味料を合わせ、①を混ぜて1時間以上おくと、おいしくつかる。

※水っぽい軸の部分の利口な料理法。

あっさりしたキャベツ、ブロッコリーとベーコンの脂のとり合わせが美味しい

キャベツのホットサラダ

材料（4人分）

キャベツ300g、ブロッコリー150g、ゆで卵2個、ベーコン4枚、にんにく1粒
ドレッシング（酢大さじ2½、塩小さじ⅔、コショウ少々、サラダ油大さじ3）

作り方

①キャベツは洗って3㎝角に切り、ブロッコリーは小房に切り分け、共にポリ袋に入れ、750wの電子レンジに6分かける。

②ベーコンは、2～3㎝幅に切り、にんにくはスライスにし、フライパンに入れ、中火でベーコンから脂が出てチリッとなるまで炒める。

③②にドレッシングを加え、①の熱々のキャベツとブロッコリーをあえて器に盛り、ゆで卵の輪切りをのせる。

①キャベツは3㎝角、ブロッコリーは小房に分け、ポリ袋に入れ、電子レンジに

②スライスしたにんにくと2～3㎝に切ったベーコンを脂が出るまで炒める

③①②を熱いうちに合わせ、ドレッシングであえ、温かいうちにすすめる

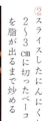

電子レンジで簡単に作れ、パンチのきいたピリ辛のタレがなすの美味しさをひきたてる

蒸しなすの冷菜

電子レンジで7～8分加熱したなすは、いったん生干しにしてあえる

材料（4人分）

なす中5本、青じそ5枚

ⓐタレ（酢大さじ2、薄口しょうゆ大さじ2½、砂糖大さじ1、コチュジャン小さじ1、粉とうがらし小さじ½、おろしにんにく1粒、ごま油小さじ1）

作り方

①なすはへたを落とし、切り離さないよう縦に4～5本切れ目を入れて一口大に切り、耐熱容器に入れ、750wの電子レンジに6分かけて蒸しなすを作る。

②少し冷まして、なすを扇のように広げてザルに並べて一日干す（生干し）。

③よく混ぜたタレであえ、青じそを敷いて器に盛り、よく冷やしていただく。

なすと豚肉、油との相性をうまく生かした一品
なすのジャンボ天

材料（5人分）

なす中5本、豚三枚肉200g、ⓐ（しょうゆ大さじ2、練り辛子小さじ1、酒大さじ1）、ころも（卵と冷水で合わせて1カップ、小麦粉1¼カップ）、揚げ油

作り方

①なすは、へたを落としてピーラーで4～5か所皮をむいて、縦に2本切れ目を入れる。

②豚肉は幅5㎜くらいに刻み、ⓐの調味料をよくもみこむ。

③なすの切れ目に、②の豚肉を均等に詰めて形を整える。

④天ぷらころもを作り、③のなすをくるくる回しながらつけ、やや低めの油（165度）に2本ずつ入れ、箸で転がしながら次第に油温を上げて揚げる。

⑤味がついているのでそのままでもよいが、辛子じょうゆかポン酢しょうゆをつけてもおいしい。

①なすはところどころ皮をむいて縦2つに切れ目を入れる

②豚肉は幅5㎜くらいに切って、下味の調味料をもみ込む

③なすの間に②の肉をはさみ、ころもをつけ、165度くらいの油で揚げる

いかの噛みごたえ、カロテンたっぷりのにんじんのシャキッとした食感

にんじんのサラダ

①にんじんはせん切りに。野菜カンナを使うと手早い。玉ねぎもスライスに

②おつまみ用のいかの燻製は、食べやすい長さにはさみで切っておく

③サラダ油でにんじんをサッと炒め、玉ねぎと②をⓐの調味料であえる

材料（4～5人分）

にんじん大2本、玉ねぎ⅓個、いかの燻製80g、レーズン60g、サラダ油大さじ3

ⓐ（酢大さじ3、塩小さじ⅔、コショウ少々、練り辛子小さじ1）

作り方

①にんじんは皮をとって、できるだけ細かいせん切りに。野菜削り器を使うと手早い。

②玉ねぎはスライスに。

③サラダ油を熱し、中火でにんじんをシャキシャキする程度にサッと炒め、ボウルに入れ、玉ねぎ、レーズン、2～3つに切ったいかの燻製（おつまみ用）を合わせ、ⓐの調味料であえる。一晩おくと、レーズンといかの味がにんじんになじんでおいしくなる。サンドイッチの中身にもよい。

ひなびていて、酒のおつまみにもおすすめ

みたらし小芋

材料（4〜5人分）

里芋の小芋600g、片栗粉適宜、揚げ油
ⓐタレ（だし汁⅓カップ、しょうゆ、みりん各大さじ2½、砂糖大さじ1）、水溶き片栗粉少々

作り方

①小芋は、なるべく掘りたての小粒がおいしい。皮ごとよく洗い、ポリ袋に入れて500wの電子レンジに12分（100g2分の割合）かけ、乾いた布巾で持ってつるんと皮をむく。
②芋に片栗粉を握るようにしてつけ、中温（170度）の油で色づくくらいに揚げる。
③鍋にⓐのタレの調味料を入れ、煮立ってきたら水溶き片栗粉でやや濃いめにとろみをつけ、揚げた小芋を入れてからめる。

断トツ家庭料理NO1の人気メニュー

肉じゃが

①油で牛肉をほぐし炒め、色が変わったら、野菜としらたきを強火で炒める

②だし汁と調味料を加え、丹念にアクをとり、フタをして中火で煮る

井手上一行さん

③じゃが芋が柔らかくなって煮汁が少なくなったら味を見て補足の調味料を

材料（4人分）

じゃが芋500g、牛薄切り肉200g、にんじん中1本、玉ねぎ中1個、しらたき1わ、絹さや12枚、油大さじ3

ⓐ煮汁（だし汁2½カップ、酒大さじ2、砂糖大さじ3、しょうゆ大さじ4）

ⓑ（しょうゆ大さじ1、みりん大さじ½）

作り方

①野菜は一口大の乱切りにし、絹さやは筋をとる。

②牛肉は一口大（3~4cm）に切る。

③大きめの鍋に油を熱し、中火で牛肉の色が変わるまで炒めたら、じゃが芋、にんじん、しらたき、玉ねぎを入れ、強火で油がまわるまで炒める。

④そこへ煮汁ⓐの調味料を入れ、煮立ってきたらアクを取って中火にし、じゃが芋が柔らかくなって、煮汁が少なくなるまで煮て、補足のⓑの調味料と絹さやを入れ、大きく鍋返しをしてひと煮する。

ポテトにやさしい甘さのパンプキン風味が加わった

ポテキンサラダ

材料（4人分）

じゃが芋400g、かぼちゃ200g、玉ねぎ中½個、にんじん小1本、きゅうり1本、ハム薄切り50g
ⓐ（塩小さじ½、酢大さじ1、マヨネーズ½カップ、コショウ少々）

作り方

①じゃが芋は洗って皮ごとポリ袋に入れ、750wの電子レンジに6~7分かけ、皮をむいてつきつぶす。
②かぼちゃは、じゃが芋同様に、種とワタを取り皮ごとポリ袋に入れ、750wの電子レンジに4分かけ、①に加えて一緒につぶす。
③玉ねぎ、にんじん、きゅうりは薄切りにし、塩少々をふってしばらくして、しんなりしたらもんで絞る。
④ハムは、1.5㎝角に切り、③とともにつぶしたポテトとかぼちゃに加え、ⓐの調味料も入れてあえる。

①電子レンジで加熱したじゃが芋とかぼちゃをつぶして混ぜる

②きゅうり、玉ねぎ、にんじんは、うす塩でしんなりさせたらギュッと絞る

曽我部武彦さん

③①に②とハム、マヨネーズ、塩、コショウ、酢を加えて混ぜる

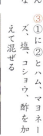

おかずにも、おやつにもなる韓国のチヂミ

じゃが芋のお焼き

①じゃが芋は皮をむいて、作る直前におろし金ですりおろす

②①ににら、干しえび、キムチ、卵、調味料、片栗粉を混ぜる

③フライパンにごま油を熱し、②を大さじ山1くらい落として両面を焼く

材料（4人分）

じゃが芋500g、にら½わ、干しえび大さじ4、キムチ100g、卵1個、塩小さじ½、白ごま大さじ2、片栗粉大さじ4、赤とうがらしの細切り少々、ごま油

ⓐタレ（すりごま大さじ1、しょうゆ大さじ3、酢大さじ1½、酒大さじ2、コチュジャン小さじ1）

作り方

①じゃが芋は皮をむいてすりおろす。

②にらは2㎝長さに切り、干しえびとキムチは粗く刻んでおく。

③①ににら、干しえび、キムチ、卵、塩、白いりごま、刻んだ赤とうがらし、片栗粉をよく混ぜる。

④フライパンに多めのごま油を熱し、③を大さじ山一杯くらい落として丸く平らにし、中火の弱で両面こんがりと焼く。

⑤アツアツをⓐのタレにつけていただく。

1〜2分でできる焼くだけの調理

薄切りステーキ（2人分）

作り方

①牛薄切り220gは、広げて両面に塩、粗挽きコショウを軽くふる。
②フライパンにバター大さじ1を溶かし、中火で牛肉をサッと焼く。
③肉を盛り、根元を切った貝割れ菜と、すだちの半月切りをそえる。

ちょっとエスニックなおつまみ

ドライフルーツのベーコン巻き（2人分）

作り方

①ドライフルーツならなんでもよい。ここではナツメヤシのドライフルーツ4個をベーコン4枚でそれぞれしっかり巻く。
②フライパンを熱し、ベーコンの巻き終わりを下にして入れ、ゆっくり転がして焼く。ベーコンの塩味だけで美味しく食べられる。

とり肉にしみた酸味とピリカラが絶品

鶏手羽の梅酒煮（4人分）

作り方

①鶏手羽500gは熱湯をかけて脂を抜き、フライパンに油を熱して両面をこんがりと焼く。
②そこへ梅酒と水各1カップ、しょうゆ大さじ3、みりん、砂糖各大さじ1、赤とうがらし1本を加え、煮立つまで強火、あと中火にして煮汁が少なくなるまで煮る。

（作／宮﨑隆慶）

少人数ならササッと用意できる

焼きとり（2人分）

作り方

①とりもも肉1枚は一口大に切り、しょうゆ大さじ2、みりん大さじ2、赤とうがらし少々をもみこむ。

②とりささ身4本は筋をとり、酒大さじ2、味塩少々をふる。

③それぞれグリルで焼いて竹串に刺す。

鮮度のよいささ身が手に入ったら

とりささ身の霜降り（2人分）

作り方

①鮮度のよいささ身4本は、熱湯の中をサッとくぐらせて冷水にとり、薄いそぎ切りに。

②きゅうり1本は、かつらむきにして薄く切って皿に敷き、根元を切った貝割れ菜少々とわさびを添える。

③しょうゆとわさびをつけていただく。

えのきだけのシャキシャキした歯ごたえの美味しさ

えのきだけの肉巻き（2人分）

作り方

①えのきだけ1わは、根元を切って4つに分け、豚の薄切り4枚に塩、コショウをふって巻く。

②フライパンに油大さじ½を熱し、肉の巻き終わりを下にして入れ、中火の弱で転がしながら焼く。

③皿に盛り、すだちかレモンの半月切りを。

プチプチッとした歯ごたえがくせになりそうな

しらたきの真砂いり（2人分）

作り方

①しらたき1わは、ざく切りにしてサッとゆでる。

②鍋に①と酒大さじ2、だしの素少々を入れ、混ぜながら水分をとばす。

③そこへちぎれ明太子大さじ2を入れ、薄口しょうゆ少々を落とし、ポロポロになるまで混ぜながらいる。小ねぎのみじん切りを彩りに散らす。

ごまやしょうがで、さしみに味の変化をつけた

ごまさば、しょうがさば（2人分）

作り方

①鮮度のよいさばの刺身1尾分を用意。

②いりごま大さじ1½を半ずりにし、しょうゆ大さじ2、酒大さじ½を入れてさばをあえる。

③すりごまを、しょうがの極細切り1かけ分にかえるとしょうがさばに。

④小鉢に盛って、穂じそ、わさびを添える。

房総地方の家庭料理

なめろう（2人分）

作り方

①刺身用青魚（あじ、いわし、さばなど）200gを細かく刻む。

②しょうが1かけ、ねぎ5cm、みょうが1個、青じそ3枚はみじん切りにし、みそ大さじ1½と①に入れ、包丁で叩きながら混ぜる。

③青じそ10枚を広げて等分にのせて包む。

ついお酒が進む美味しさ

さんまの香りづけ（2人分）

作り方

①さんま2尾は、頭と尾、腹ワタをとって3つに切り、油大さじ2で両面こんがりと焼く。

②にんにく1粒、しょうが1かけ、ねぎ5cmをみじんに刻み、しょうゆと酒各大さじ1½、砂糖小さじ½、七味唐辛子少々を合わせ、焼きたての熱いさんまを入れてからめる。

いかの香り立つ、スピーディ料理

いかのバター焼き（2人分）

作り方

①冷凍皮むきいかの胴小2枚は解凍し、皮目のほうに斜め格子の切れ目を入れ、4〜5cm角に切って軽く味塩をふる。

②フライパンにバター大さじ1を溶かし、中火でサッと焼いて（芯は生のまま）取り出す。バジルかパセリのみじん切りをふる。

簡単だけど粋な一品

うざく（4人分）

作り方

①うなぎのかば焼き200gは、サッと焼き直して4mm幅くらいに切る。あなごでも。

②きゅうり2本は薄切りにして、塩少々を混ぜてしんなりしたら絞る。

③①②を混ぜ、うなぎのタレであえて粉山椒少々をふる。

ひと手間かけるだけで、ぐっと美味しくなる

ししゃもの天ぷら（2人分）

作り方

①ししゃもの目刺し6尾（またはいわしの目刺し）はそのまま使えて手軽。

②溶き卵½個に水⅓カップを加え、小麦粉⅔カップを混ぜてころもを作る。

③ししゃもにころもをつけ、中温（170度）の油でカラッと揚げ、すだちをそえる。

貝特有の甘い美味しさ、酒にもご飯にも合う

あさりの酒蒸し（2人分）

作り方

①あさり400gはうすい塩水につけてよく砂を吐かせ、殻をこすり合わせて洗う。

②鍋にあさりを入れ、酒大さじ2をふってぴったり蓋をし、中火で口が開くまで蒸す。

③蒸し汁がおいしいので、器に盛って蒸し汁をかけ、彩りに小ねぎの斜め切りをあしらう。

帆立の美味しい香りにつつまれてアツアツをどうぞ

貝焼き（1人分）

作り方

①殻つきの帆立貝は厚みのあるものを求め、タワシでよく洗う。

②金網に載せて中火で焼き、パカッと開いたらしょうゆ小さじ½くらいをたらし、貝柱が盛り上がってきたら火からおろす。

③熱いうちにバター1㎝角をのせる。

日本酒のおつまみにはこたえられない一品

数の子のしょうゆづけ（4人分）

作り方

①数の子250gは一晩水につけて塩けを抜き、薄い膜を除いてぴったり入る容器に入れる。

②しょうゆ、酒各大さじ2、だしの素小さじ½、赤とうがらしの輪切り1本分を合わせ、①にかけて1〜2日おく。

③食べやすい大きさに切って器に盛る。

にんにくとトマトのイタリア風味！　買いおきの缶詰で

オイルサーディンの缶焼き（1人分）

作り方

①オイルサーディンの缶を開け、缶油はフライパンに空ける。

②プチトマト4個、にんにく1粒はみじん切り。

③②を①の缶油で炒め、塩、オレガノ各少々で調味し、①のサーディンにのせる。

④オーブントースターで2〜3分焼く。

小品ながらしゃれたおつまみ

かまぼこサンド（1人分）

作り方

①なるべく甲高のかまぼこを1・5㎝厚さに切り、真ん中に深く切れ目を入れ、4つ作る。

②よく洗って水けをきった青じそ4枚に、市販のわさび漬け小さじ1ずつをのせ、かまぼこの切れ目にはさむ。

※なかに挟むものはあみの塩辛、明太子なども。

かつお菜がいい味を出してくれる、翌日もおいしい九州の田舎料理

かぶ焼き（4人分）

作り方

①かつお菜大5枚は、よく洗い、4㎝長さに。厚い軸の部分は縦2～3つくらいに切る。

②鍋にごま油大さじ1を熱して①を炒め、しなっとなったらいりこ15尾、水½カップ、しょうゆ大さじ2、酒大さじ3で調味し、時々混ぜながら煮汁がなくなるまで中火の弱で煮る。

おなじみのディップ。ポテトチップ、クラッカーなどにのせて

タラモサラダ（4人分）

作り方

①じゃが芋350gは、500Wの電子レンジで8分加熱し、皮をむいて細かくつぶす。

②明太子80gは袋からしごき出しておく。

③さめた①へ、②とオリーブ油、マヨネーズ各大さじ2、塩、コショウ各少々を混ぜる。

④クラッカーやスライスパンにつけていただく。

カロリーが心配な方にもおすすめ

こんにゃくのオランダ煮（4人分）

作り方

①こんにゃく2枚は、両面に浅く細かい切れ目を入れ、一口大にちぎってサッとゆでる。

②ごま油大さじ1でこんにゃくを炒め、しょうゆ、酒、各大さじ1½、砂糖大さじ⅔、だしの素少々、だし汁⅔カップを加え、時々混ぜながら中火で煮、ししとう12本を加える。

冷凍食材を使ってもう一品という時に

ツナコーン（4人分）

作り方

①冷凍コーン1袋とグリーンピース大さじ2を解凍する。玉ねぎ100gは1cm角に。

②フライパンにツナフレーク（油漬け小1缶）と玉ねぎ、コーンを入れ、中火でザッと炒める。

③塩小さじ$\frac{1}{3}$、コショウ少々で調味し、グリーンピースを加えてもうひと炒めする。

味の薄い素材が、マヨネーズとみそで美味しく変化する

海草とこんにゃくのサラダ（4人分）

作り方

①わかめと、とさかのりは、もどして各80gをざく切りにして絞る。

②さしみ用こんにゃく1枚は、薄い短冊切りにしてゆでておく。

③マヨネーズ大さじ3、白みそ大さじ2、すだちの絞り汁大さじ1で、①②をあえる。

ピリッと甘辛い肉のうまみと豆腐の素朴な味のコラボが絶妙な

豆腐の肉巻き（2人分）

作り方

①豆腐1丁は8つの長方形に切り、乾いた布巾に挟んで水けをとり、しょうゆ大さじ1をまぶす。

②豚バラ薄切り8枚にしょうゆ大さじ1$\frac{1}{2}$、砂糖小さじ2、酒大さじ1、コチュジャン少々をまぶし、1枚ずつ豆腐に巻きつける。

③油大さじ1を熱したフライパンで、②を焼く。

江戸時代、下町風の酒のアテです

焼き揚げ（1人分）

作り方

①油揚げ1枚は、厚みのあるふんわりしたものを求める。熱湯をかけて油を抜き、うっすらと焼き色がつくくらいに返しながら焼き、食べやすい大きさに切る。

②熱いうちにおろししょうがと天つゆ、またはすだちの汁としょうゆをふっていただく。

お燗をしている間に作れる

ねばりあえ（3人分）

作り方

①納豆は小粒のもの1箱をあける。

②オクラは3本、サッとゆでて小口切りにする。

③山芋60gは皮をむいて、さいの目切りにする。

④①②③をボウルに入れ、練りがらし小さじ1、しょうゆ小さじ2で粘りが出るまで混ぜる。

アツアツチーズがなすの美味しさをひきたてる

なすのチーズ焼き（2人分）

作り方

①なす中2本はヘタを落とし、縦2つ割りにし、切り面にオリーブ油をぬり、軽く塩、コショウをふる。

②なすを並べ、切り面にピザ用チーズ½カップをこぼれないようにのせ、オーブントースターでこんがり色づくまで焼く。

れんこんのさくさくした食感がおいしい

れんこんの挟み揚げ（4人分）

作り方

①れんこん1節は3～4㎜の輪切りにする。

②豚肉250gは細かく切り練り辛子少々、しょうゆ大さじ2を混ぜ、①に等分に挟む。

③卵と水で1カップ、小麦粉1¼カップでころもを作り、②につけて中温の油で揚げる。

④熱いうちに辛子じょうゆかポン酢でいただく。

シャキシャキした歯ごたえの

れんこんのきんぴら（4人分）

作り方

①れんこん150gは皮をむいて薄切りにして水にさらし、水けをきる。

②ごま油大さじ1½に赤とうがらしの輪切り1本分を入れ、れんこんを入れてよく炒める。

③油が回ったらだし汁大さじ3、酒とみりん各大さじ1、しょうゆ大さじ1½でいりつける。

スティックふうに揚げたごぼうによくしみた旨み

ごぼうの棒天（4人分）

作り方

①ごぼう大1本は、10㎝長さの四つ割りにして水にさらし、5～6分ゆでておく。

②①をだし汁1½カップ、しょうゆ、酒各大さじ2½、みりん大さじ2で煮含める。

③卵と水で1カップ、小麦粉1¼カップでころもを作り、②につけて中温の油で揚げる。

ほどよい苦みと甘さ、さわやかな酸みにお酒が進む

にがうりとパインの酢のもの（4人分）

作り方

①にがうり1本は、縦2つに割り、ワタと種をとってスライスし、軽く塩をふってしんなりしたら、軽くもんでギュッと絞る。

②生のパイナップルは2cm角の薄切りに。

③酢大さじ4、砂糖大さじ2、薄口しょうゆ大さじ½で、①と②をあえる。

えびのうまみとトロリとしたアボカドのハーモニー

アボカドボート（2人分）

作り方

①アボカドは黒く熟して固いものを求め、洗って縦に切り目を入れてひねり、種をとる。

②切った面にレモン汁をふりかけておく。

③ゆでえび4尾は尾を残して殻をむき、とびっこ大さじ2とアボカドの凹みにのせ、いただく時にマヨネーズを形よく絞る。

ワインやビールに合うしゃれたおつまみ

洋梨の生ハムかけ（2人分）

作り方

①洋梨は、六つ割りにして種と皮をとり、レモン汁を軽くかけておく。

②生ハムの薄切り6枚で①を1つずつ巻いて、器に盛ってパセリを添える。

③マヨネーズ大さじ2にパセリのみじん切り小さじ1を混ぜ、上にかける。

にんにくがきのこの美味しさをひき出してくれる
しめじのにんにく炒め（2人分）

作り方

①しめじ200gは、根元を切ってほぐしておく。
②にんにく2粒は薄切り、ビヤソーセージ3本は5㎜幅の短冊切り。
③オリーブ油大さじ1でにんにくを弱火で炒め、しめじとビアソーセージも入れ、酒大さじ2、塩小さじ⅓、コショウ少々で調味する。

ビール・ワインによく合うスイス料理
卓上ラクレット（4～5人分）

作り方

①チーズは手に入るもの4~5種を用意する。
②フランスパン1本は1㎝の薄切りにする。
③ラクレット鍋のミニパンに好みの薄切りチーズをのせ、うっすらと色づくくらいに焼いて、アンチョビー、またはパセリみじん切りを加え、フランスパンにぬって、いただく。

簡単につくれ、カリッとしたこうばしさの
揚げ昆布（4～5人分）

作り方

①だし昆布はふきんでホコリを拭きとり、4~5㎝にはさみで切る。
②揚げ油を中温（170度）に熱し、昆布を一つかみ入れると、バリバリッとそっくり返るので、20秒くらいですぐに上げると、パリッカリッとなって、いいお酒のおつまみになる

（作／曽我部武彦）

男の料理教室が地域社会のリーダーを輩出した――「あとがき」にかえて

（男の料理教室OB、七十二歳）
空　賢司

福岡市中央区当仁地区の皆さんが、「そば打ち同好会」を始めたのは六年ほど前のことでした。はじめはけっこうにぎやかにやっていたのですが、何年かたつと、そば打ちだけでなく、すこし変化もほしい、という思いが、皆んなの中に生まれてきました。

折りしも、わが国はものすごいスピードで四人に一人が六十五歳以上という超高齢化社会をむかえ、定年退職後の生きがいと人生設計の大切さが強調されだした頃でもありましたから、時代の趨勢を受けて、民間の小さな集まりであるこの「そば打ち同好会」は、地区の当仁公民館の活動の一環として発展的に組み込まれて、新たなステージに入ることになりました。地域に住んでいる人々が、地域に在住する料理研究家の江上和子先生を迎え、料理全般を学ぶ教室として再出発することになったのです。

すると、歩み始めた「当仁公民館サークル・男の料理」は、当仁地区内の定年男子たち「閑人《ひまじん》」に飛び火し、入会希望者も増え、六年ほどたった今は総勢十六人。出席率もよく、欠員が出たら是非に、という方も何人か待っておられる状況です。

この盛会をもたらしたのは、講師の江上先生の熱意もさることながら、もっとも大切なのは、皆んなで打ったそば、皆んなで調理した料理を食べ、語り合い、笑いあう「食の会」の楽しさ、「食」を通して人に感謝される喜びに目覚めた会員の皆さんが、調理の腕と人脈をこの料理教室の中だけにとどめず、地域のさまざまな社会貢献活動にいかしはじめ、そのことによって第二の人生の新しい生きがいを手にするようになったことでした。

活動のいくつかをあげると、地区公民館の文化祭やそうめん流し、親子そば打ち会。小学校でのかまどとお釜のご飯炊き、昔遊び、校庭開放日の監視。活動はさらにひろがって、地区の「大濠公園をよくする会」や「よかあ西公園にしよう会」などの清掃、ガーデニング。地区老人会の定期清掃、餅つき大会。私が主宰している「郷土史語り部研究所」や「町歩きガイド」「町づくりコミュニティ」など。「男の料理教室」につどったメンバーは、それぞれに現役時代の技術や資格、能力をも生かして、この地区の社会活動に、今やなくてはならない存在になったのです。その光景たるや、圧巻です。

この本には、このように多彩な展開をたどった、男の料理教室に始まるメンバーの社会貢献の歩みが率直に語られています。定年男子たちのその姿が、世の多くの人々に共感の輪を広げることができればうれしい限りです。

江上和子　えがみ・かずこ

野村料理学園（福岡）師範科卒業後、同学園および東京クッキングスクールに勤務。のち、主婦と生活社編集部にて、主に料理、実用書編集に31年間たずさわる。著書に『賄い料理』『安くおいしくケッチング』（ともに毎日新聞社刊）ほか多数。

写真——緒方直敬・江上和子
デザイン——久保田 考

定年紳士たちの料理教室

それは地域の社会活動へとひろがった

2015年3月20日　第1刷

定　価　1500円+税
著　者　江上和子と当仁公民館・男の料理教室
発行者　林 利幸
発行所　梟《ふくろう》社
　　　　東京都文京区本郷2－6－12－203（〒113－0033）
　　　　電話　03（3812）1654　FAX　042（491）6568
　　　　振替　00140－1－413348
発　売　株式会社　新泉社
　　　　東京都文京区本郷2－5－12（〒113－0033）
　　　　電話　03（3815）1662　FAX　03（3815）1422
　　　　振替　00170－4－160936
印刷・製本　萩原印刷

梟《ふくろう》社の本

谷 真介著

新版 キリシタン伝説百話
谷 真介
本書は〝かくれキリシタンたちの遠野物語〟というにふさわしい。読み進むにつれ島原で死んだ数万のキリシタンを初めとする大衆の顔が生き生きと復活してくる。
しかし、本書は単なる民話集ではなく、初期の布教の許されていた時代、中期の弾圧時代、末期の禁止時代と、三つの時代に再編されているところに大きな特徴がある。
初期の民話には、バイブル直伝のおおらかさがあるのに、中期、末期のそれには排耶蘇の進行とともにその由来が曖昧となり、日本の風土にとりこまれた民話と化していく按配が一目にして瞭然なのである。この工夫によって、本書はスリリングな民話集となることができた。
更に有り難いのは、適宜に付けられた註の面白さで、三つの時代に応じて明瞭にされたタテの流れが、見事にヨコの広がりを持つに至った。
石堂淑朗氏（「新潮45」より）
梟社刊／発売＝新泉社／定価（本体二二〇〇円＋税）

2200円＋税

谷 真介
猫の伝説116話
家を出ていった猫は、なぜ、二度と帰ってこないのだろうか？
かわいくて、気まぐれで、気ぐらい高く、いまだ野生を失わず、どこか、不気味さも秘めて、すこし悲しい——
古くから人間の文化の懐深くで愛され、語り継がれる全国各地の猫の伝説。
●付録●
「小林一茶猫句抄282句」
「猫をめぐる略年表」
「三代目広重の百猫画譜」
梟ふくろう社刊 発売＝新泉社
定価（本体二〇〇〇円＋税）

2000円＋税

梟社の実用書　江上和子著

親と子で楽しむ
エコロジー・クラフト
どんぐりでつくろう
かわいい
動物たち
江上和子 著
梟ふくろう社

1300円＋税

ひとり鍋を楽しむレシピ100
江上和子 著
梟ふくろう社

1300円＋税

じゃがいもの料理100点
江上 和子著

1400円＋税